NANHAI
RUHE CHENGJIU
ZHUOYUE

男孩
如何成就
卓越

蓝　洁◎编著

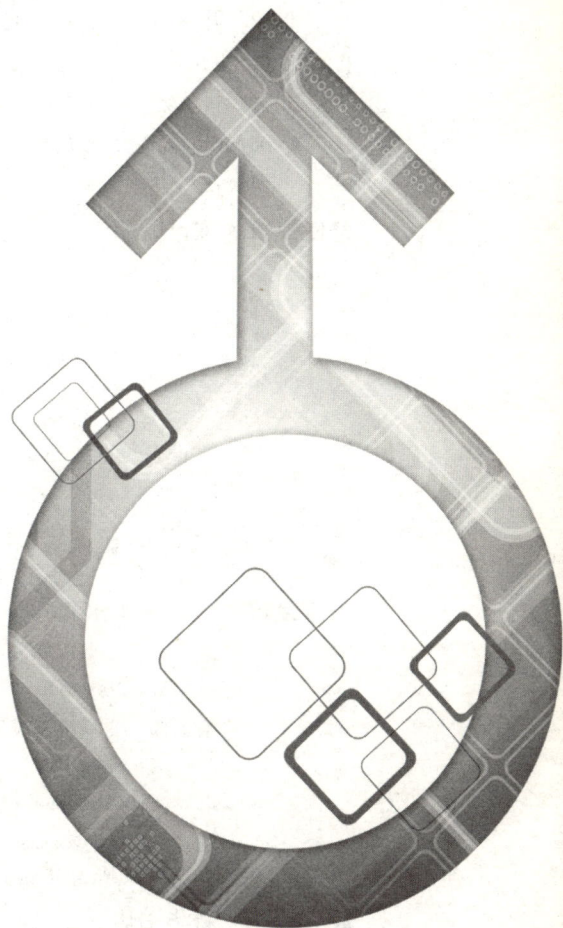

中国言实出版社

图书在版编目（CIP）数据

男孩如何成就卓越 / 蓝洁编著. —北京：中国
言实出版社，2014.10
ISBN 978-7-5171-0590-9

Ⅰ．①男… Ⅱ．①蓝… Ⅲ．①男性—家庭教育
Ⅳ．①G78

中国版本图书馆 CIP 数据核字（2014）第 101146 号

责任编辑：陈昌财

出版发行　　中国言实出版社
　　　　　　地　　址：北京市朝阳区北苑路 180 号加利大厦 5 号楼 105 室
　　　　　　邮　　编：100101
　　　　　　编辑部：北京市西城区百万庄路甲 16 号五层
　　　　　　邮　　编：100037
　　　　　　电　　话：64924853（总编室）　　64924716（发行部）
　　　　　　网　　址：www. zgyscbs. cn
　　　　　　E-mail：yanshicbs@126. com
经　　销　　新华书店
印　　刷　　北京市玖仁伟业印刷有限公司
版　　次　　2014 年 10 月第 1 版　　2014 年 10 月第 1 次印刷
规　　格　　787 毫米×1092 毫米　　1/16　　15 印张
字　　数　　197 千字
定　　价　　30.00 元　　　　　　　　ISBN 978-7-5171-0590-9

前　言

提到对男孩的教育，可能很多家长都觉得无从下手，男孩普遍爱玩、任性、冲动，正如英国一句名言说的那样："一个男孩比十二个女孩增添的麻烦还多。"而事实也的确如此。

男孩一般较顽皮，家长怎样动之以情、晓之以理，甚至训斥、打骂，对他们也起不到多少作用；男孩好奇心旺盛，总会因为冒险而把自己弄得伤痕累累，让家长整天提心吊胆；有些男孩天性好斗，经常与人发生争执，甚至和别人大打出手，经常被学校处分；有些男孩较固执和反叛，无论家长说什么，他们总会想方设法对着干；有些男孩爱玩爱闹，不把学习放在心上，上课不认真听讲，下课不按时完成作业，成绩也始终排在班级倒数几名……

这些情况，都是大多数男孩家长曾经历过或正在经历的。那么，为什么男孩会如此难以管教？这是由于他们的性别特征决定的。男孩体内分泌大量的荷尔蒙睾丸素，这种雄性激素，直接造成了男孩的好动和叛逆，从而使他们比女孩更不容易服从管教。

所以，当男孩叛逆、大吵大闹的时候，你不必头痛或无奈，更不要急着抱怨和指责他们，而是应该想一些正面而积极的方法，去帮助孩子解决问题。要知道，抱怨、指责、棍棒教育的家长，不是一名合格的家长。

作为家长，首先应该对自己孩子的能力有所了解，这样才能通过良性刺激，让他的能力发展到最佳程度；其次，要在纷乱的社会环境和欲望诱惑的干扰下，保持对男孩的客观认识和理解，发掘男孩本身可以发展的能力素质，把他当作独立的个体看待，并给他足够的空间，使其自由成长。

其实，每个孩子在成长过程中都是伴随着需要而长大的。父母要想培养出优秀的男孩，就应该了解他们的需要。那么现在不妨问一下自己：你想过孩子心灵深处的需求是什么吗？你该怎样满足孩子的精神需要？你对他了解多少？当男孩学习不好或者有不听话的行为时，请不要指责孩子，而是要想想自己的责任，从自己身上找找原因。

男孩的体内都潜藏着一定的天赋和巨大能量，你的儿子也不例外。本书正是要帮助广大家长从男孩的心理和性格特征入手，介绍科学、合理的方法，从而激发出男孩的潜能。《男孩如何成就卓越》一书，从男孩的性格、心态、习惯、情商、品格、智商、财商、逆商、学习力、自省力等十个方面，为家长提供最科学、最全面的教育方法，深度解读孩子的内心，走进孩子的世界，让家长和孩子成为朋友，促使孩子健康快乐成长。

如果你是一个男孩的家长，就从现在开始培养吧！只要用对方法，你的孩子就有机会成为乐观向上、独立自主、有责任心和爱心、懂得感恩的优秀的男子汉！

目　录

第九章　学习力培养，让孩子领悟知识的无穷魅力 / 179

第一章

性格培养，先从走进男孩心理世界开始

"我不想和他们玩。"——帮助男孩摆脱孤僻的性格

　　都说生儿容易，养儿难。现在家长们都非常关注儿子的性格发展，按理说孩子都比较喜欢同伴，在跟同伴玩耍中，不但能找到其中的乐趣，而且还可以学习小伙伴身上的优点，对孩子今后的人际交往有一定的帮助。

　　现在有不少的家长都有这样的烦恼，自己的儿子性格太过于孤僻，小区里的孩子好多，他也不主动找小伙伴玩，问他怎么不跟他们玩呀？他总是说：我不想跟他们玩。在幼儿园里，他也总是一个人默默地躲在角落里。老师常反映孩子不喜欢跟别人玩。

　　李女士有个 3 岁的儿子，性格特别孤僻，脾气暴躁，和成年人很快就熟悉并和人家玩，可就是不喜欢跟小朋友玩，不喜欢游乐场，家里的玩具、球、小车等，基本上不怎么感兴趣。很多时候出去，看见

熟人，也不喊。玩具也不给小朋友玩。九月份上幼儿园时，哭得翻天覆地，现在快两个月了，去上学，还是哭，而且特别黏老师，平时的集体活动也只是勉强参加，小朋友们一起玩滑梯，他却只站在一边看，并不参与。人家拉拉他的小手，都不愿意让人摸。在班里，学习、吃饭、睡觉、做操都还可以，就是看不到他的笑脸。老师反映说感觉他在学校的时间就是应付，找不到乐趣。面对这些，李女士非常头疼，却不知道采用什么办法才能改变儿子的这种状况。

其实不难发现，孩子性格孤僻，究其原因，跟家庭环境有很大的关系，当然还有其他客观的因素。比如，有些家长或者爷爷奶奶，对孩子都太过于爱护，害怕孩子跟小朋友玩时，有些孩子太厉害，万一脸上被抓，受到欺负怎么办，心疼孩子而影响了孩子正常人际交往。

如果你的孩子已经表现出孤僻的个性，不喜欢跟小朋友玩。那么，你试着采取以下方法帮助你的孩子从孤僻中走出来吧：

首先，为孩子营造一个良好的家庭环境。如果父母不和，经常争吵，使孩子的心灵受到伤害，孩子就得不到父母的关爱，长期下去就会变得沉默寡言、闷闷不乐，从而养成了孤僻。因此，家长应给孩子创造出一个和睦，温馨的家庭，让孩子感到家庭的温暖，享受家庭带来的欢乐。

然后，扩大孩子的活动范围。现在大多数家长常常把孩子关在家里，久而久之，孩子就会变得孤僻。家长应让孩子从"自我"的小圈子走出来，让孩子多与邻居的孩子一起玩耍、做游戏。家长可以利用节假日、业余时间多带孩子去游乐园、动物园、公园等场所玩，多带孩子去串门、走亲戚，减少孩子对不同人、不同情境的陌生感，增强其交往需要与兴趣，形成开朗大方的性格。

其次，为孩子，家长要做个好榜样。俗话说："近朱者赤、近墨者黑。"家长自己没有良好的人际关系，自我封闭，自然会对孩子产生潜移默化的影响，进而孩子会产生孤独感，形成孤僻的性格。因此，作为孩子的第一位启蒙教师，家长应以身作则，在言行举止、人际交往等各方面都应给孩子树立一个良好的榜样，孩子耳濡目染，就会在不知不觉中塑造一个良好的性格。

最后，对孩子多肯定鼓励，少批评打击。如果家长经常不分青红皂白，随意批评、否定、指责、训斥孩子，孩子会感到自己很笨，认为自己什么都做不好，谁都不如，一个人缩在一旁不敢出声、心情压抑，就会丧失自尊心和自信心。长此下去，就形成了孤僻的性格。建议家长多使用一些肯定的评价，如"你真能干，你越来越棒了"、"你一直在努力，再加把劲，一定做得更好！"等。多肯定和鼓励孩子，对孩子多爱抚、点头、微笑、夸奖，就会收到意想不到的效果，使孩子自信、开朗起来。

"买哪个本子好呢?"——小男子汉必须有主见

如果你的孩子连买个作业本这样的小事，都不知道如何选择，你会认为他就是听话吗？如果你赞同这样的看法，那么你就大错特错了。如果孩子太听话，做事情就会不相信自己的能力，干什么都需要听从别人的安排，如果没有别人指导的时候，自己就不知道怎么做了。如果长期这样下去，孩子在将来的生活中，很可能会成为一个优柔寡断、遇事毫无主见的人，甚至会丧失独立的人格。

张女士的儿子今年6岁，最近有一件事令她十分苦恼。儿子什么都挺好的，就是做什么事都没有主见。儿子要过生日了，我想买礼物送给他，问他喜欢什么，他支支吾吾半天，最后说没有什么喜欢的。就连买个作业本，也不知道买哪个好。周末带他出去玩，玩累了，有些饿。问他，想去吃肯德基还是想吃火锅，他说吃啥都行。虽然我告诉他，他现在长大了，是个小男子汉，要有自己的主见。自己要学会选择自己想要的，不能老听从别人的想法，可是他就是无法选择，不知道如何是好？

在生活中，孩子没有主见，经常会出现盲目追随别人的现象。造成孩子没有主见的原因有很多，家长也要反思自己，平时是不是太过于强势，什么事都帮孩子安排，从没有征求孩子的意见。是不是没有时间跟孩子有效沟通，没有及时地对孩子进行正确引导。还有一个原因可能是家长自己也是无主见的人，孩子在潜移默化中受到了影响。

面对孩子没有主见的这种现状，家长不能忽视，如果孩子得不到及时的引导与纠正，就会影响到孩子未来独立解决问题的能力。有些家长没有用心观察男孩的内心世界，就不会尊重他们的自主要求，如果一味按照自己的想法为他们规定好一切，不仅会使孩子越来越有依赖感，而且会对孩子的身心健康发展造成永久性的伤害。

那么，家长怎样做才能帮助孩子成为一个有主见的孩子呢？

要多给孩子表达意愿的机会。不要让孩子生活在被动接受的环境里。自己的事，自己负责，自己解决。让孩子养成"自己想方法"的习惯。很多家长都太过于娇宠孩子，生活中任何事情都是自己替孩子做主，很少征求孩子的意见。即使男孩有自己的想法，只要不遵从自己的意思，就对孩子大加责备。其实孩子有他自己的想法是好事，家长任何时候都要有耐心，多注意让孩子有充分表达自己意愿的机会。多征求孩子的意见，若孩子有想法，家长要善于给予鼓励和引导。

提高孩子明辨是非的分析能力。孩子年龄小，是非判断能力比较弱，有时会按自己喜爱和厌恶的情绪来判断人物和事物的是与非。不管别人做的对与错，大多数是模仿别人的做法，难免会有些不当的言行。因此，家长要不断丰富孩子的知识，从各方面提高他的能力，并适当地指出其行为的错误，使孩子通过父母对其行为、言语的评价，逐步认识到自己行为的是非，从而提高孩子分辨是非的能力。孩子有了自信心，有了判断是非的能力，做事就会有自己的想法，自然不会盲目地随从别人。

教会孩子说"不"，让孩子自主选择。必须消除孩子对某些权威的畏惧。如果孩子意识到这一点，就不会盲从别人、模仿别人了。不要过多地插手孩子的事情、剥夺孩子的选择权，不要用过多的规矩限制孩子的自由。比如，玩游戏、吃饭、穿衣服，家长不能干涉孩子的选择，可以协助他。如果孩子对有些事情不满意、不高兴时，鼓励他及时表达出来，可以说我不爱吃桔子，我喜欢吃橙子。我吃饱了，不想吃了等。当然如果孩子选择的不正确，家长也要耐心引导孩子正确地选择。

总之，家长们都要抛开旧思想，多跟身边的亲朋好友交流，多注意观察孩子，多倾听孩子的想法。孩子自己的事情，要让他去学会自己选择，自己承担。

"我就是不吃青菜！"——太倔强是成长道路上的绊脚石

当你发现孩子虽然长大了，但是越来越不好管教了。当你一切为他好，一件事说了好几遍，他总是你说东，他偏朝西，跟你对抗。这时候，再有耐心的家长都会失去耐心，往往会提高声音，斥责孩子的不听话。

就拿孩子挑食来说，家长怕孩子缺少营养，当孩子挑食时就会说一些道理，但一般都会遭遇孩子"我就是不吃青菜"的强烈反对，无论你怎么说，孩子都不听，表示坚决不吃。这时，你会向孩子作出妥协，还是大发雷霆呢？

方方脾气很倔强，一天晚上，妈妈带着方方去姥姥家吃饭，姥姥做了一桌子好吃的。方方坐在板凳上，看着一桌子的饭菜，不高兴地说："我想吃包子，为什么没有做包子呀？"姥姥说："你也没说你想吃包子呀！"方方继续说："不行，我现在就是想吃包子，我喜欢吃包子，我就要吃！"姥姥耐心地说："你看，姥姥今天给你做了好多好吃的，都是很有营养的，全是你喜欢吃的。今天就先吃饭，明天姥姥再给你做包子好不好？"方方依然说："不行，我就是要吃包子，没有包子，我就不吃饭！"

妈妈生气地说："姥姥辛辛苦苦做了这么多好吃的，你还挑三拣四的，快吃！"方方就是不吃，大哭大闹起来，依然嚷着非要吃包子，最后，姥姥只好带着他下楼买了包子。看着儿子脾气这么倔强，妈妈拿他一点办法也没有。

个性倔强的孩子，往往会因为坚持自己的做法与家长抗争到底，这的确让不少家长头疼。遇到孩子倔强不听话时，家长通常的做法都是对孩子大道理讲一通，最后失去耐心，大声训斥孩子，可这样做，结果往往导致孩子的性格越来越倔强。

爸爸给文文买了一个水枪，文文高兴极了，装好水后，就在屋子里玩了起来。要是以前，妈妈早就发飙了，数落儿子一顿。但是这样做往往没什么效果，孩子反而哭闹得更厉害，最后妈妈还得妥协。最近，文文的妈妈看了有关育儿方面的书籍，改变了很多。看见儿子玩水枪，将家里的客厅地板上弄的到处都是水，妈妈说："儿子，家里这么多水，很容易摔跤。"文文却说："没事，我会小心的。"

这时，文文妈妈建议道："儿子，拿着你的水枪，我陪你去楼下玩吧，咱们比赛，看谁射的远。"文文高兴地同意了妈妈的意见。

当孩子对人与事物有所坚持，家长一定要先观察孩子为何倔强，再引导孩子寻找坚持与变通的平衡点。孩子脾气倔强，也许是他的一种成长过程，往往因为年纪小，在坚持自己的要求时，不知如何表达自己的想法，他认为做的是一件合理的事情，被家长拒绝后，孩子当然不会放弃，就变成了大人眼中的"倔强"。

那么，家长如何做才能使孩子变得不倔强呢？

第一，对孩子不要太多管束，太多限制。家长不要经常跟孩子较劲，比如，孩子不想吃饭，不想洗脸洗手。不吃就不吃，饿了自然会吃，还能给他一个教训。不洗就不洗，少洗一次也没关系。对孩子的约束少了，冲突就会少，自然减少了孩子倔强的机会。

第二，不要总以"不"字开头。当孩子做事情时，避免总说不要这样做，不要那样做。要告诉孩子如何做才是正确的。其实孩子如果做这件事情，家长只要想办法解决孩子容易出现的问题就可以了。如孩子想自己倒水，家长又怕他摔碎杯子，不妨给他一个塑料杯子，水洒在了地上，可以叫孩子拿布擦。

第三，要告诉孩子做事情的底线。在生活中，家长要明确告诉孩子哪些事可以做的，哪些事情是不被允许的。如果做了不该做的事，是要受到一定的惩罚的。比如，筷子是用来吃饭的，不能用来打人。如果他不吃饭，先告诉他吃饭的好处，再告诉他不吃饭的话，下午就不能吃任何的零食。如果他还是坚持不吃饭，下午饿了，正好给他一个教训；如果孩子因此改变了主意，同意吃饭，家长一定要给予夸奖。

现实生活中，家长一定要尊重并理解孩子，出现问题时要及时与孩子进行交流，才能让孩子和你的关系越来越亲密无间，不再倔强。

"一点也不开心。"——开朗让男孩的生活更快乐

每个孩子都是一个个体，他都有自己的情绪和想法。当你的孩子不知道什么原因就不开心了，对任何事情也提不起来精神，老是发呆，这时候，家长们就要注意孩子的心理变化。当你的孩子向你抱怨"我一点也不开心"时，你是否还把孩子的这句话不当一回事，还会认为孩子小，有啥事会不开心的。

其实家长们常常会因为工作忙，忽视了孩子的情感活动。孩子高兴与不高兴，往往家长们都不是很关心。由于孩子没有找到好的倾诉者，长时间的不良情绪，得不到排泄，孩子自然就容易产生不良情绪。

豪豪的父母平时都比较忙，所以豪豪住在学校里，一星期回家一次。回到寝室听室友说，钱小朵的钱丢了，就放在他的床上了，问豪豪看见没有，豪豪说没有。可过了两三天，他发现他走哪里，都有同学用异样的眼光看着他。后来好友告诉他，大家都怀疑是他拿了钱小朵的钱，他听了很生气，为这个还跟室友们打了起来。豪豪一直挺开朗的，这段时间因为这个事情，一直闷闷不乐的。上课，也不专心听课，老师经常看见他望着某处出神，没少批评他。后来，老师找他谈话，问他最近怎么了，因为什么事情不专心听课，他也没有告

诉老师。老师最后打电话告诉了豪豪的父母，豪豪最近在学校的表现，豪豪的父母也不问清什么原因，就训斥了豪豪，豪豪变得更不开心了。

孩子表现得不开心，原因有很多：一种是孩子学习压力太大，长期得不到大家的肯定，受到的批评太多，对自己没有信心。一种是可能在学校与小朋友发生了矛盾，导致孩子心情不好。或者发生某些事情，大家对他产生了误会，不相信他，孩子很委屈，却不敢告诉家长。一种是父母对生活与工作非常的不满意，经常在孩子面前发牢骚，孩子受到了影响。最后一种可能跟父母之间争吵不断，家庭不和睦有关，导致孩子不开心。

小兴最近很不高兴，人也变得不开朗了，奶奶问他怎么不高兴，小兴悄悄告诉奶奶，妈妈老是拿他跟别的小朋友比，说他这个不如王晓丽，那个不如张雯，好像他都没有优点了似的。他感到非常不高兴，感觉爸爸妈妈不爱他了。最后，奶奶把这件事告诉了妈妈。后来，妈妈答应小兴，以后不再拿他跟小朋友比了，并告诉小兴，以后遇到不开心的事情，可以告诉妈妈，妈妈会帮助他。小兴现在每天都很高兴，而且有什么事情都喜欢跟妈妈说。

当孩子不开心时，父母一定要搞清楚孩子为什么不开心，并及时给予引导，想方设法让孩子开朗起来。

那么，家长该如何让孩子从不开心的不良情绪中摆脱出来呢？

第一，不要在孩子面前发牢骚。家长在工作或生活中遇到不开心事情，就会发牢骚，但是要避开孩子。环境的影响力是很大的，长期处在这样的环境中，孩子是很容易受到父母负面情绪的影响。

　　第二，不要对孩子要求太高。家长要明白，人比人，气死人。尺有所短，寸有所长。不要总是拿孩子的短处跟别人家孩子的长处比，要常常看到孩子的优点，多夸赞他，优秀的孩子都是夸出来的。若孩子在学校受到了批评，在家还要受到家长的批评，孩子难免会有受挫感，对自己不自信，这样对孩子的成长是非常不利的。

　　第三，多关注孩子的心理健康。工作再繁忙，都要抽空跟孩子交流，陪孩子玩耍。不要让孩子觉得父母不爱他，不关心他。长期得不到父母的爱的孩子，就会没有安全感，就会对自己的存在感到没有意义，对生活失望，产生不良的情绪。

　　天下的父母都一样，都会非常爱自己的孩子。那么，请把你们的爱表达出来，让孩子感受到父母的爱。当孩子不开心了，家长要做孩子的朋友，走进孩子的心灵，帮助孩子解决令他不开心的事情，让孩子健康快乐起来。

"这是我的，你不许碰！"——自私和任性的性格不能要

　　很多家长都会有这样的心理，那就是自己小时候吃过不少苦，没有钱买自己想要的东西。所以当自己有了孩子，给孩子的东西，都是选择最好的买。宁可苦了自己，也不能委屈了孩子。尽自己一切努力，为孩子创造最优越的生活条件。渐渐地，孩子就会养成唯我独尊的思维方式，形成自私、任性的性格。

　　当孩子说出"这是我的，你不许碰"，家长们会不会感到尴尬和伤心。可是，他们毕竟是孩子，家长怎么会跟孩子计较，不久就忘记了孩子的自私和任性。家长的这种健忘和自我牺牲只会让孩子更加任性和自私，这对孩子今后的成长是非常不利的。

雷妈妈有个8岁的儿子，提起他那儿子，简直是太任性了，而且自私。周末，姑姑给他买了很多橙子，放在了桌子上。晚上，爷爷回来了，看见桌子上的橙子，就拿了一个橙子尝尝甜不甜。没想到被孙子看见了，大哭起来。边哭边说："这是姑姑给我买的橙子，只能我一个人吃，爷爷不能吃我的。"爷爷见状，赶紧哄他："乖孙子，别哭了，爷爷不吃了"。他哪能就此罢休，躺在地上打起滚来，后来没办法，爷爷答应给他买最喜欢的小汽车才不哭了。

有的时候家里来了客人，儿子也从来不让小朋友碰他的玩具，无论怎么说他，儿子就是不准。这让雷妈妈感到十分难堪，对儿子的行为是又气又恼，却拿孩子一点办法都没有。

男孩如此自私与任性，家长有着不可推卸的责任。现在的家长大多数都忙于工作，没有时间陪孩子玩耍，只要是孩子提出来的要求，家长很少拒绝。大部分的孩子都是爷爷奶奶带大的，隔代的孩子更是疼。家里就这么一个宝贝大孙子，他们肯定是最宠爱孩子的，什么好吃的都会留给他。孩子就像一棵小树苗，没有人经常修剪它，自然会长不直，长久下去，孩子肯定会自私任性。

文文今年7岁了，他由爷爷奶奶带大的，有些任性自私。妈妈知道不能迁就孩子任性、自私的行为，不然对孩子今后的成长很不好，所以，妈妈就形成了一个习惯：每次买好吃的东西，就故意当着文文的面咬一口，并告诉他："妈妈辛苦买来的东西，当然可以第一个品尝了"，虽然刚开始文文很不情愿，哭闹了半天，可时间长了，他老看见妈妈总要先尝一口，渐渐不再哭闹了。见文文有所改变，妈妈不失时机地表扬他"文文真懂事，知道先让妈妈吃了"，文文听了表扬的话后，明白了这样做才是正确的。

以后，每当有好吃的，他都会主动和家人分享，不再有任性、自私的行为了。

因此，家长要以身作则，用心观察孩子的行为及心理活动，对症下药。

那么，家长该采取什么样的方法帮助孩子改掉自私、任性的性格呢？

家庭教育环境很重要。家长们要统一战线，不能一个唱白脸，一个唱红脸，这样孩子就会听从家长的建议。注意在家里不能给孩子特殊的地位，有好东西大家一起用，有好吃的大家一起吃，让他明白在家庭中，孩子和父母都是一样的重要。如果买了好吃的，他非要自己"独吞"的话，留给他一包食品，剩下的大家一起分享。如果孩子不同意，家长坚决不能妥协，几次下来，孩子就会学会分享。

明辨是非，正确引导。如果孩子受到了周围孩子的不良影响，家长应正确引导孩子分清是非，让孩子不要去模仿别人的任性行为。假如孩子是受到了父母的影响，家长就要认真反思自己的言行举止，与孩子坦诚交流，承认自己的行为是不对的，告诉孩子不要学习，同时也可以大家互相监督，共同改掉任性的坏毛病。

学会拒绝孩子的无理要求。不能一味地迁就孩子，遇到问题可以与孩子有效沟通，实行约法三章。如家长在向孩子提出要求时，心平气和地讲明这样要求他的原因，孩子不同意时，可表达出他的想法，并说明原因。最后可以共同讨论，找一个双方都能接受的要求。

家长不可对孩子太过严厉或者不尊重孩子。有的家长对孩子要求太过苛刻，孩子常常难以达到，长久下去，就会产生逆反心理和抵抗行为。还有的家长不尊重孩子，动不动就训斥孩子，甚至当着别人的面就随意责备。这些行为都会导致孩子变得任性。

爱子之情，人皆有之。对男孩无原则的放纵，只会让孩子走上"以我为中心"的任性之路。普天下所有的父母都爱儿子，但是，如果家长真正爱儿子，必须做到爱得深、教得严。

"你们都得听我的！"——男孩争强好胜需要家长适当"泼冷水"

现在的孩子，家里对他都是百依百顺的，自然不懂得与他人分享、谦让。遇到什么事情都要争第一：吃东西要最大的，排队要排最前面，玩具要最新的，学习要第一等等。虽说孩子有好胜心是好事，可过于争强好胜，却让不少家长苦恼不已。

有些孩子做什么事都喜欢跟别人比，别人会做的，他也觉得自己能行，也要做。孩子有好胜心也不是一件坏事，但处处喜欢争强好胜，就会影响他的人际交往。当孩子得意洋洋时，家长就要适当地"泼冷水"。

小营是个特别好强的人，做什么事情都想超过别人。上课时，老师提出问题，他总是抢先举手，如果老师没有叫他回答问题，他就会有点生气；老师在班里表扬了某个小朋友，他就很不服气。在家里，父母与客人交谈时，他也总爱插嘴。

后来，小营到了重点学校上学，各方面都表现得很出色。这样出色的他却害怕失败。一次期末考试，他考了第二名，因为没有考第一，就很不开心，回到家里就摔东西，撕课本。并将自己关在屋子里不吃不喝，哭了一晚上，谁劝都没用。

争强好胜的男孩，往往只接受表扬，不愿意被批评，不想被人知道自己的缺点。做什么事情，总想比别人强，受挫能力差。对于这类男孩来说，做事情只有成与败、输与赢，凡事都要跟别人比一比，由于孩子小，对输赢和成败到底意味着什么、到底重不重要，他还不能理解，不能正确看待。

林林在班里当班长，无论在学习上还是生活中，总是第一名。没想到，林林越来越争强好胜了。比如跳绳比赛没有拿第一名，与小朋友猜拳输了，就不高兴了，总找一些客观原因，对失败不能够正确看待。每次林林跟爸爸玩游戏，爸爸故意输给他，他就得意洋洋，说爸爸真笨。可是当他输了，他就要求换一个游戏玩。后来爸爸妈妈都觉得这样对儿子的成长很不利，决定改变这种情况。当儿子输了时，鼓励他下次努力就会赢；当他眼看就要赢了时，爸爸就故意学他以前那样，不高兴地说不玩了，他就会急着说："没关系，以后会赢的"。就这样，在一输一赢中，教导林林"胜败乃兵家常事"。渐渐地，林林再也不会因为玩游戏输了而不高兴了。

家长们的教育方式与价值观都是相同的，那就是只看重结果。当孩子表现的过于好胜，很多家长就不免开始担心孩子受挫能力弱，做出傻事，产生严重的后果。为了杜绝此事的发生，那么家长就要找出孩子争强好胜的原因在哪。

第一，孩子的自我中心意识过强。由于孩子在家享有很多的特权，孩子已经习惯了这种优先地位，喜欢胜利带来的心理满足感。一旦失败，自然无法接受。

第二，父母的要求过于功利。很多家长只看重结果，不看重过程的这种急功近利的价值观和教育方式，影响了孩子，使得孩子越来越好胜。

第三，家长忽视孩子的存在，使得孩子没有安全感。很多家长思想与行为都表现得很不成熟，很少跟孩子交流。而孩子为了引起家长的注意，只要他取得了胜利，家长就会表扬他，得到父母的关注，他就会很开心。

当孩子事事都表现得争强好胜时，家长在适当的时候，需要给孩子"泼冷水"。

首先，要给予孩子足够的安全感。家长要告诉孩子，我们是一家人，最亲的亲人，使孩子获得心理的安全感。

其次，教孩子正确看待成败。站在孩子的角度看问题，对于孩子没有拿第一名，玩游戏输了，没有得到想要的东西，面对这些挫折时，对他表示同情，帮助他正确认识，鼓励孩子努力才能得到成功。对于努力也不能成功的事，要让他明白为什么，提高孩子对挫折的承受力。

最后，鼓励孩子多尝试。当孩子因为输了而不高兴时，家长要多鼓励孩子，科学家也是在不断失败中总结经验，才能取得更大的成功。如果失败了，而不想去做了，那就永远也得不到成功。当孩子明白了这个道理后，就不会有单纯的争强好胜的毛病了。

当孩子的好胜心很强，总希望自己处处超过他人时，家长就要帮助孩子树立正确的竞争意识。家长要让孩子明白，每个人都有优缺点，要学会欣赏别人，学习他人身上的优点，这样才能不断进步，取得成功。

"别唠叨了，我不听！"——用耐心的引导战胜孩子的叛逆

当你发现孩子不知何时变得不再听话，爱捣乱。当你苦口婆心说他时，他要么当耳边风，左耳进右耳出，要么顶你几句"烦不烦，别唠叨了我不听"。这时候你是不是特别苦恼，孩子怎么这么不听话，为了他好才说他几句，他还不耐烦了。

无论父母说什么，孩子好像已经产生了叛逆心理，一律先否定再说。孩子的这种行为愈演愈烈，遇到这种情况，脾气暴躁的家长开始动手打孩子，这样下去，不但影响了家长与孩子之间的感情，而且孩子会越来越叛逆，甚至走上犯罪的道路。

前几天，张伟想玩游戏，跟妈妈商量好了，只要他写完作业就可以玩游戏。后来妈妈发现儿子没写完作业就玩游戏，妈妈非常生气，把电脑关了，并批评了儿子几句。没想到儿子却向妈妈咆哮起来"你自己天天上网看小说玩游戏，说话不算数，还老管我！"罗列了妈妈的一大堆"罪状"。这让妈妈感到很意外，儿子小时候一直是个"乖孩子"，现在妈妈说一句，他会顶三句。更让妈妈没想到的是，孩子因为这件事情，竟然好几天没有理她。每天看见她就像仇人似的，就连吃饭都拿到自己屋里吃，不跟她一桌吃饭。

孩子长大了，做事开始有自己的想法，不可能再像以前那样，按照家长的意愿去做。这时候，家长肯定就会抱怨孩子叛逆了，不听话了，而不去研究孩子叛逆的根源。如果家长用心去观察孩子，就会发现孩子叛逆的原因，除了少数孩子本身的原因外，大多数还是家长错误的教育方式造成的。

小贝是一个很叛逆的孩子，父母为他伤透了心。父母整天忙于工作，没有时间陪他玩，关心他。小贝心里很渴望父母的关心和照顾，可是他发现不管自己做什么事，就算做的再好，父母一点也不关心。聪明的小贝后来发现，只要自己不听话，父母就会问他怎么了。之后他就用这样的方式获得父母的关注。最后，父母也发现小贝这样做是为了引起他们的注意力，就找他好好谈谈，并答应只要他们有空就陪他玩，后来，小贝就再也没有出现这样的行为。

很多时候，孩子的叛逆行为，都只是表面上的一个假象而已，他们只不过想通过这样的行为引起家长的更多关注。因此，家长们一定要用心去观察孩子的心理活动及其行为习惯。当孩子出现叛逆行为时，家长不要不问青红皂白，打骂孩子，这对孩子的身心健康非常的不利。家长一定要冷静分析孩子叛逆的原因，他的叛逆是故意的，是为了引起家长的注意，还是孩子受到了周围人的影响，或者是家长在他犯错误时，数落的时间太长，话语太多。孩子叛逆的原因找到了，问题就不难解决了。

当孩子出现叛逆时，家长该如何帮助孩子度过这个时期？

改变教育方式。谁也不能保证不犯错误，何况是孩子。有些家长，只要孩子犯错误，就没完没了地指责，时间长了，孩子当然会叛逆了。还有些家长就知道打孩子，虽然孩子的行为暂时有所收敛，但只是嘴服心不服。长久下去，孩子会因为父母不理解他，恨父母，犯更多的错误来发泄，来报复父母的惩罚。所以家长一定要心平气和地与孩子好好沟通，尊重孩子，倾听孩子内心的想法。对孩子，多鼓励，少惩罚，多关心他的身心健康，为孩子营造一个和谐的家庭环境。

多关心孩子，多与孩子沟通。有矛盾时，家长一定要听听孩子的意见，换个角度，站在孩子的立场上去想，了解孩子的真实想法与真正需要。同时家长一定要多花时间陪孩子一起吃饭，玩耍，外出旅游。既增长孩子的见识，又能多了解孩子，成为孩子的好朋友。这样更有利于引导孩子的健康成长。

给孩子适当的空间。孩子到了一定的年龄阶段，其独立意识就会增强，心理就会从儿童向成人化转变，内心就有自己的想法，不想做什么事情都按照父母的意思去做。孩子有了自己的秘密，家长就要尊重孩子，多给孩子独立自主的机会，让他们自己去选择自己想做的事情。

最后，家长一定要注意自己的言行举止会影响到孩子，要以身作则。孩子犯错误，态度不要太强硬，语气不要带火药味，与孩子建立一种平等的关系，少些唠叨，多些赞美。

"我不敢那么做。"——改变教育方式才能改变性格懦弱

有不少的家长特别烦恼，自己的儿子太过于老实，经常受到同伴的欺负。就连自己的东西被拿走了，也不敢要回来。不管家长怎么说或者教他怎么做，他也总说"我不敢那样做"，令家长头疼不已。

在现实生活中，有不少家长希望自己的孩子受到别人欺负时，能够积极反抗并保护好自己不受欺负，以免养成懦弱的个性。如果孩子事事都宽容退让，很容易造成孩子软弱怯懦的性格。孩子将来面临的是一个充满竞争的社会，性格懦弱的孩子走上社会就不能做到自强自立。所以，孩子具有一定的反抗心理，学会自我保护是非常重要的。

张建今年上小学二年级了，性格非常懦弱。就因为他个性懦弱，经常会受到小朋友的欺负，不敢大声跟别人讲理，即使比他小一两岁的孩子打他几下，都不敢还手。有一回，妈妈带他去买铅笔，他选了半天，妈妈着急了，问："儿子，选好没有？"张建说："没有呢，我

得选一支班里小朋友都没有的铅笔。不然的话，他们又该说我拿了他们的铅笔，把我的那支拿走了，我又不敢问他们要。"听了儿子的话，妈妈心疼极了，告诉他，自己的东西要保管好，不要再被别人拿走了。可张建却说："我不敢那么做"。妈妈心想孩子这么懦弱，连起码的自我保护的意识都没有，以后长大了该怎么办？

家长面对孩子懦弱时，一定不要大声呵斥，要知道孩子不敢这样做，一定是内心对这件事比较恐惧，只想逃避，内心比较脆弱，太需要被鼓励。然而，这样的孩子，需要家长找出原因来，帮助他克服心理上的害怕，而不是打骂。如果家长一味地打骂孩子，只会让孩子更加懦弱。

平平是一个内向的孩子，性格比较懦弱。每次跟小朋友一起玩时，总会被别人欺负。自己的东西被别的小朋友拿走了，也不敢要回来。这不，又哭着回来了，妈妈问平平怎么回事，平平说，有个大哥哥，不让他玩滑梯，而且还推了他一下。妈妈就说："如果下次他再不让你玩，推你，就大声对他说，玩具是大家一起玩的，又不是你的，凭什么不让我玩，如果你再推我，我不会怕你的之类的话"，后来，平平告诉妈妈，现在没有人敢欺负他了，而且他还跟那个大哥哥变成了好朋友。

孩子比较懦弱，往往跟他的家庭有关，这其中影响最深的是他幼时的教育。导致孩子性格懦弱的原因：现在的孩子都是独生子女，很多家长不愿意孩子受到一点伤害，太过于溺爱孩子，让他产生依赖性，而这种溺爱与过度的保护不利于培养孩子的阳刚之气。此外，父教的缺失也是造成孩子越来越软弱的原因之一。

那么，家长怎么样才能帮助孩子改变懦弱的性格呢？

第一，多带孩子接触同性小伙伴。家长可以带孩子多跟同性小朋友玩耍，看看他们在玩什么，遇到困难是如何处理的。

第二，培养孩子大胆做事。性格懦弱的孩子一般喜欢同熟悉的人相处，当和不熟悉的人打交道时，就会产生一种潜意识的惧怕感，家长应该注意培养孩子处事办事的能力。如家长可有目的地交给孩子一些任务，必须在有限的时间独立完成。遇到困难，家长可以帮助他，鼓励并引导。如果孩子完成时，应立即表扬，使他树立自信心。

第三，培养孩子勇敢的精神。性格懦弱的孩子，不管遇到什么事情，第一个反应就是"怕"，怕这怕那。因此，消除"怕"字，让孩子大胆表现自己，从生活中的一点一滴做起，多给孩子讲勇敢者的故事与童话，让孩子摆脱懦弱。

第四，多跟孩子交流。培养孩子阳刚之气，父亲起到了一个至关重要的作用。所以，再忙也要多陪陪孩子，多与孩子交流。

"你们都离我远点儿！"——找准男孩脾气暴躁的原因

在生活中，经常可以看见有些孩子因为家长没有满足他的要求，大哭大闹，躺在地上打滚，或撕扯自己的衣服、头发，或抱着家长的大腿赖着不走。处于暴怒发作的孩子，这个时候往往是不听人劝的。除非满足他的要求，不然就会跟家长继续僵持下去。

当孩子遇到不顺心的事情，脾气就会变得暴躁起来，大喊："你们都离我远点儿！"这时周围的人，也往往会受到他的情绪的影响。不少家长不禁发出感慨，孩子脾气咋那么大，说什么都不行。

杜雨轩是个不能控制自己的情绪、只要不顺从他的意愿就爱发脾气的孩子。他很聪明，学习很好，但是妈妈发现他的情商太差了。对于同一件事情的情绪反应上，同他年龄相仿的孩子差别很大。妈妈带他到姥姥家玩，姥姥家今天也来了不少客人，有三个孩子跟他年纪相仿，还有一个5岁的女孩。他们一起玩游戏，总会被小妹妹打断。虽然那三个孩子不高兴，但并没有说什么。可杜雨轩不高兴了，要求这个5岁的小女孩必须按游戏规则玩。而且，只要他发现小女孩没有按他说的做时就生气了，把小女孩赶到一边去。那小女孩也不甘示弱，吵闹个没完，杜雨轩就发怒要打她。妈妈见状就赶紧拉开他，跟他讲道理，可他完全听不进去，气得妈妈打了他一顿。

其实，在孩子的成长过程中，有很多东西都需要去不断模仿与学习，在模仿与学习中，学会控制自己的情绪，则需要家长正确的引导，而不是一味地责怪孩子，家长也要反思自己的教育方式是否正确，避免不当的教育方式使孩子朝相反的方向发展。

有一个小男孩脾气很怪，经常爱发脾气。爸爸想让他学会控制自己的情绪，便给他一包钉子。爸爸告诉他，每当他发完脾气后，就在栅栏上钉一颗钉子。小男孩发现控制自己的情绪比钉钉子容易多了，渐渐地他改变了很多。

有一天，爸爸叫他去把栅栏上的钉子拔了。虽然他不明白父亲为什么要他这样做，但是他还是去拔了。等他拔完后，爸爸意味深长地对他说："儿子，你看见栅栏上的小孔了吗？这些孔就像人的内心。一旦你对别人发脾气，别人的内心就会被你生气后过分的言语所伤害，这些伤痕，无论你事后对别人说多少次对不起，都不能愈合。"

从那以后，小男孩再也不乱发脾气了。

谁遇到不顺心的事情都会发脾气，何况孩子的自控能力差，情绪很不稳定。那么我们来分析一下孩子为什么发脾气。第一种，"近朱者赤，近墨者黑"。家长如果脾气暴躁，也会造成孩子的脾气暴躁；第二种，家长对孩子过于严厉，拒绝孩子的情况多，因为得不到满足，引起孩子的暴躁情绪；第三种，孩子遇到不顺心的事情，由于不知道如何发泄情绪，就会容易脾气暴躁；第四种，家中有人带孩子都比较宠爱，对孩子的要求不管合理与否，有求必应。一旦父母不答应他的不合理请求时，就会以发脾气的方式获得满足，长此以往，孩子就更容易发脾气了。无论是哪一种，家长都要耐心地找准孩子发脾气的原因，再加以改正。

如何改掉孩子暴躁的脾气呢？

首先，家长必须对孩子的教育保持一致性。如果孩子的要求过分，家中不管谁管教孩子，其他人都不要插手。避免孩子发脾气后，有人会因此答应要求，孩子的脾气会越来越暴躁。针对孩子发脾气，要适度地采用冷处理，待孩子情绪平静后，再跟孩子交流。同时要避免今天阻止的事情，明天便鼓励去做。

其次，避免诱发孩子发脾气外界因素。如家长选择玩具要适合孩子年龄，不要太有难度。当孩子有困难时，要及时给予帮助。避免孩子玩的太兴奋或过度疲劳，引发孩子暴躁的脾气。

最后，教会孩子学会控制情绪。如果家长脾气就很暴躁，就要学会控制自己的情绪。家长一定要做孩子的好榜样，同时要告诉孩子，当遇到不高兴的事情，要学会用语言表达出来，发脾气是没有用的。学会控制自己的情绪，做情绪的主人，并告诉他发脾气的危害以及对别人的影响。

"我非打死你不可！"——男孩的暴力倾向也许与家庭环境有关

当你的孩子又打人了，因为你的儿子，没少得罪左邻右舍，使得你跟周围人的关系搞得非常尴尬；别人也因此害怕自己的孩子再次受到伤害，而躲避你们。你会不会感到愤怒，对孩子进行打骂，想以此改变孩子的行为。

当你的孩子因为某些原因打人，嘴里还不依不饶着："我非打死你不可！"听到这样的话时，你是否非常震惊，孩子竟然会说出这样的话来？这时，你是耐心地引导孩子，还是生气地责罚孩子呢？

亮亮特别喜欢打人，每次妈妈带他出去玩，他总能找到攻击的目标，有时候，看见远处有个小妹妹或者小弟弟都会跑过去打一下，然后再跑开。昨天带他到公园里玩，本来跟小朋友玩得好好的，后来不知道什么原因，亮亮又打小朋友了，妈妈训斥道："亮亮，不能打人！"可是，无论怎么责骂，亮亮爱打人的这个毛病总改不了。今天老师打电话说，亮亮在学校跟同学发生了矛盾，把同学的鼻子都打流血了。妈妈听了，既发愁又无奈。

很多时候，孩子打人都会有自己的原因，或许是到了孩子的敏感期，没有及时得到家长的正确引导，促使孩子爱打人；或许是孩子想跟小朋友玩，却找不到适合的方式表达；也许是因为盲目模仿别人的不良行为，缺乏对行为的好坏判断能力，发生这种事情，孩子就需要家长的正确引导了。

于舍经常在学校里惹是生非，只要打架绝对少不了他，好像他特别喜欢以暴力解决问题。很多同学都认识他，没有一个不怕他的，因此，他没有朋友。老师们一提起他，都比较头疼。后来班主任找他谈话，知道了他的一些情况。原来这几年，于舍的爸妈一直感情不和，经常为一点小事争吵不休。而于舍的妈妈又是一个喜怒无常的人，常常是心情好的话，于舍说什么都答应，比较纵容他。但是，如果遇到烦心事，心情不好时，说于舍几遍，而于舍不听话，妈妈就忍不住动手打于舍。之后，班主任找于舍的父母说了一下孩子在学校的表现，以及家庭环境对孩子健康成长的重要性。于舍的父母向孩子承认了错误，和孩子商量，大家一起监督，一起改正。最后，于舍不再那么暴力了，开始热心帮助同学，成了师生们最喜欢的人。

父母是孩子的第一任老师，很多时候，父母的言行举止会在不知不觉中对孩子产生影响。所以，家长一定要注意自己的行为习惯。家长怎么样做，才能使孩子改掉爱打人的坏毛病呢？

以身作则，做孩子的好榜样。遇到孩子打人，家长要控制好自己的情绪，不能斥责和打骂孩子，因为您的大声训斥、火冒三丈的样子，无疑就成了孩子学习的榜样。家长要温和地告诉孩子，这样做是不对的。领着孩子向被打的小朋友道歉，给孩子做个好榜样。

教会孩子与人相处的正确方式。孩子在与小朋友交往时，打人也许是他认为的一种社交方式。当他想表达一种亲近时，可能他不知道用良好的行为和言语去表达，打人就成了他最直接的表达方式。家长带孩子出去时，不妨多带些玩具，让孩子拿玩具和小朋友一起玩。

与孩子做朋友。当孩子提出正当要求时，家长一定要满足他。家长平时再忙，也要多与孩子聊聊天，引导他用正确的方式来表达自己的想法。若孩子出现要打人的趋势时，家长可以用吸引孩子的游戏，转移孩子的注意力。

孩子与小朋友发生矛盾时,进行正确引导。当孩子打人时,很可能是孩子在与小朋友玩耍时出现了令他不满意的事,当他不知道怎么表达自己不满的情绪时,就很容易动手打人。面对这样的情况,家长平时要多鼓励孩子,当对某些事不满意时,可以用语言表达出来。比如,孩子与小伙伴分玩具时,孩子不喜欢玩这个玩具,可以鼓励孩子说:"我不喜欢玩这个玩具,我喜欢玩那个玩具,我们可以轮流玩一会吗?"告诉孩子不要用打人来解决问题,这种方式代表不友好,没有人喜欢爱打人的孩子。

孩子都是好孩子,只有不会教孩子的家长。因此,无论孩子因为什么原因打人,家长都要认真分析事情的原因,然后再"对症下药"。

第二章
心态培养，迈出男孩健康成长的第一步

男孩心态消极时，请聆听一下他的心里话

许多家长苦恼道："孩子长大了，翅膀长硬了。我说什么他都听不进去，有什么事情也不喜欢跟我们说，动不动还嫌我们烦。"家长总是会埋怨孩子，却从来不会从自身寻找其中的原因。

有些家长工作比较繁忙，根本就没有时间跟孩子交流；有些家长脾气很暴躁，不愿意与孩子交流；还有些家长，总认为孩子小，就算跟他说，他也听不懂。这样的家长，就算孩子心情不好，想找他们倾诉，他们也会常常表现得不耐烦，找出各种理由拒绝倾听，长此以往，孩子与父母之间越来越难以沟通，渐渐无话可说，有什么事情也不告诉父母。

最近这几天，爸爸发现天天有点闷闷不乐的，不像以前那样爱说爱笑了。星期六早上吃完饭，爸爸就对天天说："儿子，看你这几天

好像不太高兴，爸爸带你去广场放风筝去。"

广场人不少，爸爸见天天放风筝的情绪也不高，便说累了，找了地方坐下来。爸爸说："你长大了，谁都会有心事，我虽然是你的爸爸，但也是你最好的朋友。如果你有困难或者心事，可以跟爸爸说一说，看我能不能帮你，即使帮不到你，也能为你分担一些。"天天想了想，就说："我最好的朋友，因为一件事生我气了，有一周没有理我了。"

爸爸试探性地问："因为什么事情，可以告诉我吗？"

天天垂头丧气地说："我没有经过他的允许，就翻看了他最喜欢看的《动物百科全书》，他发现了，要把书抢回去，结果在拉扯中，书被撕成了两半……之后，他就不理我了。"

爸爸听了儿子的话后，终于明白儿子为什么一直不开心的原因了。他语重心长地说："你能跟我说这件事，说明你信任我，我很高兴。每个人在成长过程中都会犯错误，最重要的是要学会改正错误。既然你知道自己有错在先，不该不经别人的允许就拿别人的东西，那就有时间找他聊聊，向他道歉，买一本新的还给他，相信你们会和好如初的。"

天天高兴地说："爸爸，您真好，我现在知道我该怎么做了！"

当孩子遇到什么事情，表现得不开心时，善于倾听是父母与孩子最重要最有效的沟通方式。倾听是沟通的前提，家长只有善于倾听孩子的心里话，了解他心里想什么，想要什么和关注什么，才能有针对性地给予孩子帮助，让孩子知道父母是关心他的，使得日后的沟通更容易。

如果家长能以平等的心态倾听孩子心里话，孩子就会得到安全感和被信任感。但是在现实中，很多家长虽十分关爱孩子，却很少把孩子看做是有人格尊严的人。如孩子有事情想跟父母诉说时，很多家长不等孩子把话说完，就训斥孩子，严重的还会打骂孩子。即使孩子有事，也只能将话咽回去。

那么，请家长静下心来倾听一下孩子的声音吧。

第一，要用心听孩子的倾诉。每个人遇到不开心、不顺心的人和事时，都喜欢找个人倾诉，心情就会变得好些，孩子也是一样的，也需要通过聊天的方式进行情绪宣泄。家长应该成为孩子最信任的人，要耐心地听孩子诉说自己的悲伤，讲自己的快乐，并给予安慰。

第二，要用心接受孩子的不同。每个人的生活经验、性格和爱好都不一样，我们的孩子也是一样的，不要小看他的生活经验，他们看事情的角度不同，会看到我们忽略的问题。家长要用心去接受孩子的生活经验和生活方式，站在孩子的角度想问题，与之沟通。

第三，要用心去理解孩子。有些孩子往往因为表达能力不强，让人不易理解他们真正想要表达的意思。但是孩子的话一般是最真实、最纯洁、纯真的话，只要家长用心倾听，用心理解就能够听懂。

因此，当孩子闷闷不乐时，家长一定要耐心倾听孩子的诉说，了解他产生消极情绪的因素，给予正确的引导，帮助他赶走消极情绪，这样才有利于他的身心健康。

哭一哭，也是释放坏心情的好方式

在男孩的成长过程中，必定会有一些不满意或是与同学之间产生矛盾的状况出现，这些状况都会导致孩子出现各种坏心情。这时，家长应该让孩子有机会宣泄这些负面情绪，不要认为男孩就是小男子汉，遇到什么事都不应该哭。其实，如果孩子长期受到压抑，情绪无法得到宣泄，很可能导致身体和心理上的障碍。

心理学有个名词叫"霍桑效应"，它告诉我们：人在一生中会有数不清的意愿和情绪，但最终能满足、能实现的却很少。对那些没能实现的意愿和没能满足的情绪，不要过分的压抑和克制，而要找方法将它宣泄出来。

其实，把"霍桑效应"运用到对男孩的教育中也是非常合适的，男孩在学习、生活中的困惑及不满，在无法充分表达出来的时候，家长要尽量挤出时间与孩子分享喜怒哀乐，说出不快和意见，如果"说"还无济于事，那么可以给孩子找一个安静的角落，让他放肆地大哭一场。

晓光是一名初二的学生，因为一次迟到，和老师发生冲突，这位老师当时情绪很激动，当着全班同学的面打了晓光两巴掌，还让他在教室门口罚站两节课。晓光感到很委屈，回家以后，跟父母说了这件事，眼泪一直在眼圈里打转。但是，父母却认为这完全是晓光的错，给他讲了一大堆道理，说"老师也是为了你好，你迟到会影响别的同学，以后早起一会儿就不会再迟到了"之类的话。

晓光越听越气愤，不禁哭了出来，爸爸大声说："你是男孩，这么一点小事，哭什么哭?!"晓光一赌气回了自己的房间，一直闭门不出，第二天也不肯去上课了，无论父母怎么做工作都无济于事。之后，晓光再也没去学校，每天在家以上网玩游戏度日，最后竟然足不出户，还经常对父母发脾气。

我们知道，晓光既不是上网成瘾，也不是患上了心理疾病，仅仅是因为老师的两巴掌，以及父母的错误做法，才在孩子心里打了一个"死结"，从而让孩子对任何事情都失去了兴趣，只躲在自己的小屋里，不想和任何人来往。

所以，为了让孩子有一个健康、快乐的心态，家长应该及时帮助孩子释放负面情绪，具体来说，除了在男孩心情不好时让他大哭一场，还可以掌握以下几种方法：

方法一：让孩子说出自己的心事。

男孩可能不太愿意向别人倾诉，家长不妨告诉孩子：有什么事不想告诉别人，但是憋在心里不说会不舒服，你可以写在日记或博客里，把心事写出来，就会感到轻松一些。或者学会向别人倾述，虽然并不一定能获得帮助，但是倾诉过后，自己的心情会变得坦荡舒畅。此外，还可以找一个没人的地方大声喊叫一番，来发泄心中的不满。找一些自己喜欢的运动也不错，大汗淋漓也能帮助放松心情。就晓光被老师打一事而言，要讲清楚：晓光迟到不对，老师打人也不对。晓光要做的是：今后不迟到，老师要做的是：为人师表，打人违法。

方法二：在家里给孩子布置一个"发泄角"。

实验证明，孩子用粗笔涂鸦的方式化解愤怒的效果最好。对于男孩子来说，投掷飞镖，或是练习跑步上篮，都能让他释放坏心情。特别是对那些感觉被父母和老师冤枉的孩子，掷飞镖是发泄愤怒最有效的手段。

方法三：积极帮助孩子消除负面感受。

当孩子出现消极感受，如愤怒、伤心时，有时会因为语言表达能力有限而只能借助不正当的方式宣泄。这时，父母应该积极帮助孩子消除负面感受。如果孩子因为对伙伴的不满而发怒，家长可以重复一遍孩子的话语，帮助他理清思路，弄清楚他想怎么做，再告诉他你的想法，并给出合理的建议，和他一起找出正确的解决方法。

方法四：当男孩发泄情绪之后要给予适当的拥抱和安慰。

家长首先要让自己的心境平和下来，冷静地制止他的不良的宣泄行为，然后轻轻拥抱他，耐心询问一下他想要怎么做。疏导孩子的情绪，并对孩子说你知道他的感受。孩子感受到你的安抚，就会产生安全感，情绪将慢慢平静下来。家长一定不要用大声斥责或打骂的方式去刺激孩子，激化他的情绪。如果在人多的公共场合，应该先把孩子拉倒一个相对安静、可以独处的地方安抚。

总之，家长一定要积极帮助孩子及时清理坏心情，让他拥有阳光的心态，这样在未来的人生中才会健康茁壮成长。

正确看待男孩的攀比心，然后再纠正

现在的孩子，是家里的小皇帝、小公主。出去看见别人有什么都要，无论别人穿什么，吃什么，玩什么，只要自己没有，都要百般要求父母买下来。面对孩子的攀比心理，家长表示很无奈。

伴随着孩子的成长，男孩有了自己的思想，无论吃喝穿，都会要求家长按照自己的意愿购买。但由于孩子缺少正确的判断和选择能力，社会上的攀比之风必然会对孩子的心理产生影响。孩子天性就存有好奇心，往往就会有从众心理，盲目模仿别人。

童童今年9岁了，爸爸是一名中学老师，妈妈在一家个体小公司当图书编辑。父母的工资不多，因此满足不了童童日益见长的虚荣心。他看见很多同学都有专车接送上下学，而自己的妈妈用电动车接送他，渐渐地，他的心态发生了变化。

每次，他都叫妈妈送到学校门口的小拐角处，自己走进学校，不用妈妈送进去，好像生怕同学或者老师看见似的。童童的姑姑做房地产生意，所以很有钱，家里有好几辆车，都是豪车。姑姑开的是宝马，所以当他姑姑来家里玩时，童童就百般讨好她，让她接送他上学，姑姑平时很疼爱他，就满足他的要求，接送他上学。

当时，妈妈并没有在意儿子的做法有什么不妥之处。后来老师打电话给童童妈妈，说有时间让她来学校谈谈。后来妈妈才知道，儿子竟然四处告诉同学，他姑姑才是妈妈，而平时接送他的妈妈，只不过他家的一个保姆而已，妈妈听到这些，心里特别难受。儿子这么小，就产生了严重的攀比心理，担心以后他会不会为了面子做出极端的事情来，想到这里，妈妈非常担忧。

孩子渐渐长大，自然就会观察周围的人与事。也许受到周围人的影响，当他发现别人有的东西自己没有时，就会产生"人有我也要有，人好我要更好"的攀比心理。由于孩子判断是非能力和自制能力比较弱，只想别人有什么，他也要。若家长不同意，就大哭大闹。无论孩子要求是否合理，倘若一味地满足孩子的需求，孩子要什么就给，只会助长孩子的贪婪欲望和虚荣心。一旦家长不能满足他们的需求，孩子就容易受挫，不利于培养孩子今后的人格健康发展。

孩子产生攀比心理有很多原因：一是家长爱拿别人家的孩子跟自己的孩子做比较；二是父母因为疼爱孩子，宁可苦了自己也不想委屈了孩子，别人家孩子有的，自己的孩子也要有，这样无形中让孩子形成了错误的观念，认为别人有的，他也应该有，产生攀比心理；三是受周围人的影响，有很多孩子不断拿自己家有什么来向同学炫耀，就会刺激那些没有的孩子，由于自尊心受到伤害，为了拥有自己想要的，很可能就会产生不良的行为。

那么，如何避免孩子产生攀比心理呢？

首先，家长面对孩子不合理的要求要拒绝。家长可以满足孩子的正常需要，但不能不顾自身的经济条件，孩子的什么要求都满足。如果孩子因为攀比心理提出不合理要求，家长要讲清道理并回绝。如果孩子哭闹，可以采用冷处理的方式，让孩子明白哭闹也没有用，父母是不会同意的。切忌因为孩子哭闹而同意孩子的要求，否则孩子肯定会以哭闹的方式来达到自己的要求。

其次，教会孩子要学会珍惜。如果孩子向父母提出要求，父母可以用鼓励孩子努力学习或者为家人做事的方式，作为奖励送给他。让他了解生活的不易。同时让他知道还有很多孩子因为家庭困难，上不起学，让孩子学会珍惜，学会感恩。

最后，帮助孩子树立理智的消费观念。家长要正确引导孩子，让他知道，每个人的需求不同，不要盲目追求自己不需要的东西。如果自己需要这个东西，再贵也要买，如果自己不需要，再便宜也不买。

当孩子有了攀比心理时。家长一定不要慌张，充分利用孩子的攀比心理，引导孩子在学习好习惯、意志力等方面与人攀比，激发孩子的上进心，促进孩子全面发展。

对男孩的嫉妒心不能听之任之

现实生活中，有不少男孩爱嫉妒别人，对于超过自己的人，轻则只是表现出不高兴，闹情绪；严重的还会说别人的坏话，贬低别人，甚至做出损人不利己的事。

男孩产生妒忌之心，往往是一种不成熟的表现。由于孩子缺乏自我认识，常常将自己与他人做比较，发现别人在哪方面比自己强，就会产生一种不满情绪。可以说，嫉妒心是一种不良的心理状态。

当家长发现孩子有很强的妒忌心，就不能掉以轻心，要了解孩子妒忌的缘由在哪里。一般孩子会产生嫉妒有以下几种原因：1. 孩子总觉得别人的东西都是好的，自己也想拥有；2. 孩子总认为别人什么都比自己强，别人有的东西，自己也必须有。

阳阳今年十岁，家里有个姐姐，只要妈妈给姐姐买东西，没有给他买，他就会抱怨爸爸妈妈太偏心，喜欢姐姐，不喜欢他。妈妈就对阳阳说："姐姐买的是学习上的必需品，你需要的时候，妈妈也给你买呀！"阳阳依然不高兴地说："你给姐姐买的东西比给我的多！"妈妈拿他一点办法都没有。一天，阳阳的姐姐过生日，妈妈给姐姐买了一条漂亮的小裙子。大家都夸姐姐人长得漂亮，穿上那条裙子更好看。阳阳很不高兴，就趁着姐姐没有穿那条裙子的时候，用剪刀把裙子剪坏了。事后，他还向妈妈和姐姐炫耀他的"能力"，姐姐被他气哭了，妈妈也骂了他一顿，但他没觉得自己做错了什么。

孩子嫉妒心过强，就容易受到外界刺激，产生很多不良情绪，长时间的妒忌情绪，会对孩子的身心健康非常不利。这就需要家长认真分析孩子的妒忌心的原因，再对孩子进行正确引导。

有一次，妈妈给赵晓生买了一套百科全书，同学楠楠向他借书，他撒谎说没有。妈妈知道后，问他明明有，为什么不借，他却说："楠楠学习成绩比我强，老师们都喜欢他，我才不想借给他书呢！"妈妈很发愁晓生的嫉妒心，觉得不能再这样听之任之了。一天，妈妈特意邀请楠楠来家里玩，两个人玩得很开心，而且，晓生了解到楠楠的父母都忙着做生意，很少陪他玩，还不准他养小动物，家里只有外婆陪着他。楠楠说，他很羡慕晓生有父母的陪伴。晓生终于知道，自己也有被人羡慕的地方。只是每个人看到的快乐不同罢了。后来，晓生再也不妒忌别人了，还跟楠楠做了好朋友。

孩子爱嫉妒别人，闹情绪，使得家长非常担心，那么，家长应该如何来引导嫉妒心强的孩子呢？

第一，引导孩子正确认识妒忌。家长要让孩子意识到妒忌的危害性。一个人的成功不是只靠自己努力就行，还要靠大家的帮助。当孩子产生妒忌之心时，家长多关注孩子，及时帮助孩子调整自己的意识与行为，勿作出损人损己的事情。

第二，教会孩子客观评价自己。家长要告诉孩子，天外有天，人外有人。没有一个人是完美的，都会有缺点。不要总是看到别人的优点，拿别人之长比自己所短。要客观冷静分析自己与他人的差距，找出问题的根源，虚心向他人学习，取长补短。多想想自己也有比别人强的地方，自己失衡的心理就会恢复到平衡。化妒忌之心为竞争，努力提高自己。

第三，转移注意力，充实孩子的生活。家长要鼓励孩子多交朋友，跟朋友交流。鼓励孩子要积极参加集体的各种有益的活动。有空的时候可以多听听音乐，闲暇的时间可以去图书馆看书等等，让孩子忙碌起来，自然就不会想其他的事情。

第四，培养孩子的豁达心态。首先，家长不能老将自己的孩子与别人的孩子做比较。当孩子出现妒忌之心时，家长要做好孩子的工作，让孩子学会反思自己，舒缓孩子的心情，消除孩子的妒忌心理。让孩子明白妒忌是没有用的，只会让自己变得更糟，不如让自己努力变得优秀。家长要做孩子的好榜样，凡事想得开，乐观向上，有豁达的胸怀，孩子自然也会效仿，不自觉中感染了家长的这种心态。

当孩子有嫉妒心时，家长不能忽视孩子的这种心理反应，要正确看待孩子的妒忌心，平时多关心孩子，正确引导孩子并帮助孩子消除妒忌心理。

多鼓励，让孩子做事有耐心

很多家长有这样的苦恼：我这孩子挺聪明的，可做事总是半途而废，一点耐心都没有。生活中，类似的情况是常有的：孩子常常会被新奇的事所吸引，刚开始总是跃跃欲试，干劲十足，最后往往三天打鱼两天晒网，做事三分钟热度，这热情一过，就完全没了兴趣。家长们纷纷抱怨孩子耐心不足，脾气还不小。其实，孩子的耐心不是天生就有的，需要家长进行培养。

岩岩是个没有常性的孩子，想到什么就做什么，做事常常没有耐心。爸爸妈妈安排他做的任务，比如打扫一下自己的房子，开始他还挺乐意做的，过了一会，他就玩游戏去了。今天，岩岩对妈妈说："妈妈，我不喜欢学弹钢琴了，我想学武术，多威风啊！"这已经是儿子第四次要求换兴趣班了，每次都学一半就学不下去。妈妈说："你把钢琴学完了再学武术，好吗？"可是劝说了半天，岩岩就是坚持要学武术，最后妈妈只好说这是最后一次，下次不可以再换了。

常言道：孩子就是家长的一面镜子。当孩子做事没有耐心时，家长要善于观察孩子没有耐心的根源在哪里。除了孩子本身性急外，家长也要认真反思一下自身，是否有一项或者多项爱好，坚持了多久？当孩子遇到困难时，在百忙中的你是否会认真倾听孩子的诉说。如果家长都没有坚持到底的决心和耐心，不能完整地做好一件事情，凭什么对孩子进行说教呢？

孩子做事缺乏耐心，家长就要认真寻找孩子没有耐心的原因，找出根源才能解决问题。一般孩子没耐心的原因如下：一，家长做事没有耐心，影响了孩子；二，由于孩子小的要求，立刻得到满足，没有等待意识；三，孩子做事遇到困难，就容易产生不耐烦。

岚岚是一个做事特别没有耐心的孩子，妈妈没少数落他，做事不认真，没有一个做完的。一会儿喜欢画画，就胡乱画几下；一会儿喜欢折纸，没折几下，就把纸放下了。后来，妈妈认真地反思了一下自己，觉得可能是自己平时做事没有耐心，影响了岚岚。妈妈决定每天早上晨练，岚岚也央求跟着去，妈妈说："要是去的话，必须要坚持。"岚岚渐渐地也喜欢了跑步，就这样坚持了几个月后，岚岚做事也有了些耐心。如果遇到了困难，妈妈也很注意耐心去引导岚岚如何做。渐渐地，岚岚做事越来越有耐心了。

在生活中，孩子往往做事会缺乏耐心，家长要鼓励孩子做事要有耐心。要想做好一件事，就必须要有耐心，有了耐心，才会继续努力。

家长如何做才能培养孩子做事有耐心呢？

第一，家长言传身教。首先家长在生活中力求做个耐心的典范，遇事要学会忍耐，才能让孩子学会忍耐。如生活中遇到排队等车的情况，家长要耐心等待。当孩子做事没有耐心，变得急躁不安时，如做题总是做不好，一遍遍向家长询问时，家长就要耐心地告诉孩子，而不是表现得不耐烦。

第二，培养孩子从小事做起。家长要让孩子从日常生活中的点滴小事做起，培养孩子做完一件事，才可以去做其他的事情。遇到困难可以寻求家长的帮助，但是家长只能给予引导，不能代替孩子去做。如孩子在玩拼图，拼不好时，家长只可以做个提示，而不是帮他完成。

第三，让孩子学会等待。家长要让孩子明白，在生活中，很多事情是需要耐心地等待的。比如，集体活动中，小朋友需要排队才能轮到自己滑滑梯。如果孩子想要什么，比如玩具或图书，家长可以有意地延迟一段时间，不要马上满足孩子的要求，以此来培养孩子的耐心。

第四，有意识地给孩子设置障碍。耐心是坚强的意志磨练出来的，为孩子多提供一些克服困难的机会，事情越是困难，越能锻炼孩子的耐心。如果孩子遇到困难，家长要多鼓励他做事要有耐心，不能半途而废。当孩子经过自身努力完成了一件事情时，家长要及时夸奖，培养孩子做事有始有终的好习惯。

当孩子做事情出现不耐烦的情绪时，家长可以让孩子从身边的小事做起，通过做完一件一件的小事，锻炼孩子的耐心，让孩子体会做完一件事之后的成就感。只要坚持培养，孩子做事就会既有耐心又有恒心。

男孩的自信心要由家长来赋予

现在不少家长都有一个共同的苦恼，就是男孩缺乏自信。他们在生活中或是学习上，总是表现得没有自信心，认为自己什么事情都做不了，也做不好，总是依赖家长，想要得到家长的帮助。

李魏今年9岁了，在学校，从没有跟其他同学为某个问题争论过，总是认为别人是对的，怀疑自己是错的，很没有自信。上课的时候，老师经常会提几个问题，同学们都争先恐后地举手，可他就算是会，也不敢举手，害怕自己是错的，常被同学们嘲笑。有一次，老师叫了他的名字，要他回答问题，可由于他怕出洋相，就保持沉默。而他经常这样，老师渐渐不爱叫他回答问题了。

不难发现，缺乏自信的孩子有以下表现：对家长的话言听计从；性格比较内向，不愿意和他人说话与交流；经常喜欢羡慕别人；过分依赖别人。有自信的孩子，在哪都会受到人们的喜欢，做什么事情都会很容易获得成功；而自卑的孩子，即使人很聪明，反应灵敏，但是一遇到困难或挫折就会退缩，对成长极其不利。

京京的语文成绩一直不好，总也不及格，他自己对语文也失去了信心。上课时，京京总是不能认真听讲，课堂作业也不想做。后来，老师进行了家访，跟京京的爸爸妈妈交流了很长时间。老师了解到，京京的妈妈对他的期望有点高。由于同事的孩子跟京京是同班同学，妈妈老拿同事的孩子跟他做比较，只要语文成绩不理想，妈妈就会责骂京京一通。有时候，京京如果没有把一件事情做好，也会受到爸爸的责备，甚至拳打脚踢。

老师听后，跟京京的父母说，家庭对孩子的影响非常重要，他们的教育方式是有问题的。京京的父母也意识到，自己的做法很不妥，于是他们决定改变一下教育方法。有一天吃完晚饭，一家人坐在一起，爸爸妈妈向京京主动道歉，妈妈说："儿子，我再也不拿别人跟你做比较了。你的语文基础不好，没有关系，慢慢来，这次考50分，下次考60分就是进步，妈妈相信你，会有所进步的。"得到妈妈的鼓励，京京十分开心，学习也更有劲头了。期末考试结束，京京的语文考了73分，虽然分数不高，但爸爸妈妈还是很高兴地表扬了他。随着成绩的提高，京京越来越有自信了，也对语文产生了浓厚的兴趣，上课积极发言，课后作业也做得很认真。

家长平时对孩子期望太高，当孩子考试失利或者遭遇挫折时，家长往往会表现得非常急躁，非常情绪化地对孩子进行责骂。这样做，反而让孩子损伤了自信心，对于正在承受失败打击的孩子，无疑是雪上加霜。

其实，孩子遭遇失败或者挫折时，最需要的恰恰是家长的理解、支持与鼓励，而不是家长言语上不断的讽刺与劈头盖脸一顿训斥。要知道，男孩的自信心要由家长来赋予。

因此，家长要做到以下几点来培养孩子的自信心。

第一，不要对孩子期望太高。家长应对孩子的要求稍低一点，只要孩子每次都进步一点，就要表扬他并鼓励他继续努力，让他学会跟自己比，感受到自身的进步，体验到成功的喜悦。

第二，家长要多赞扬和鼓励孩子。孩子一直在不断地成长，每天都会有变化，家长要善于发现孩子身上那些积极的变化，比如孩子喜欢读书，比较善良、能干，只要是正面的表现都要及时发现并鼓励孩子。

第三，不要将自己的孩子与别人的孩子做比较。如果家长经常拿自己孩子的缺点与别人家孩子的优点对比，只会挫伤孩子的自尊，对孩子的成长非常不利。每个孩子都是独一无二的，都会有缺点和优点，家长要善于发现孩子身上的优点。

第四，正确看待孩子遭受的挫折和失败。在孩子考试或者做事失败后，家长一定不要一味地责备和打骂孩子，那样只会打击孩子的自信心。家长要冷静下来，与孩子进行交谈，帮助孩子找出失败的原因。要让孩子知道，失败乃成功之母，失败与挫折是人生不可缺少的内容，是一个人成功之前必不可少的过程，父母不会为此而减少对他的爱。

一个没有自信的孩子，做什么事情都不可能获得成功。作为孩子的家长，要及时发现孩子这种消极心态。跟孩子沟通交流，了解孩子不自信的原因，不断地鼓励孩子，让孩子充满自信心，激发他乐观向上的积极性和极大的创造热情。

教会男孩宽容，为他的幸福未来打基础

在与他人交往过程中，男孩之间难免会有点摩擦。当男孩对别人不小心弄坏了他的物品，或者错怪了他时，表现得比较"较真"或者"小心眼"，没有一点宽容之心，这对于他将来的人际关系是非常不利的。家长需要对孩子进行正确的引导，让孩子待人接物要宽容大度，才能赢得人心。

浩南是个十分调皮的孩子，学习挺好的，就是有点"小心眼"，没有宽容之心。他经常会因为一些小事跟好朋友争吵，就某个问题能跟别人争论半天，有些较真。比如：他的鞋子不小心被别人踩掉了，虽然别人已经向他道歉了，但是他还是会说个不停。上周，好朋友张莲莲借了他的漫画书，还给他的时候，张莲莲告诉他，在家不小心把书弄湿了，向他表示歉意。当时他虽然没有说什么，可是后来，张莲莲向他再借别的书看时，他就说什么也不肯再借了。

在生活中，伴随着孩子的成长，同学之间难免会因为各种原因产生摩擦。不同的孩子在为人处事上有很大的差异。有些孩子拥有一颗宽容的心，性情温和，大家都非常喜欢他。而缺乏宽容的人往往心胸

狭窄，不易为人亲近，因而人际关系不好。家长就要教会男孩学会宽容，为他的幸福未来打好基础。

旺旺今年9岁，性子比较急，与朋友经常为一点小事斤斤计较，同学关系也比较紧张。有一次，旺旺的画得到了美术老师的表扬，课后，大家都争着要看画，结果在大家的拉扯中，画被撕成了几份，旺旺非常生气，即使大家都向他道歉，他也不原谅。后来妈妈知道了这件事，告诉旺旺："其实大家想看你的画，说明你很优秀。大家都很喜欢你，不是有意撕坏画的，人难免都会犯点错误，你应该原谅他们。"旺旺想了想，第二天，旺旺就告诉同学们，他不生气了，如果大家喜欢，他可以再画一张给大家看，同学们听了都很高兴，旺旺也觉得挺开心的。后来，旺旺宽以待人的处事风格受到了大家的喜爱，被选为班长。

很多时候，有些孩子在与他人交往中，发生了矛盾，由于心中只有自己，不会自我反省，检讨自己的过失；不能正确看待别人的缺点或理解别人的失误，不原谅别人所犯的错误等。这些很容易导致孩子心胸狭窄，被孤立，失去朋友，失去友谊，人际关系紧张。对此，家长要及时发现，及时开导孩子凡事宽以待人。

孩子在人际交往中，家长该如何培养孩子有一颗宽容之心呢？

第一，为孩子树立好榜样。家长与邻居、同事之间相处很融洽，孩子就会模仿家长待人接物的方式，处理同学间的关系，变得宽容，乐于与人相处。

第二，教孩子学会换位思考。当孩子与人产生矛盾时，习惯站在自己的角度思考问题。家长就要引导孩子学会站在对方的角度思考问题，思考对方为何会这样做，说那样的话。理解对方后，就会避免发生很多不愉快的事。

第三，让孩子掌握好宽容的尺度。家长要让孩子明白，宽容不是懦弱，不是没有原则地忍让。朋友或者同学间发生了无关紧要的小是非，不斤斤计较，要学会宽容、忍让。对于坏人坏事，如破坏公共物品或损害他人的行为就坚决不能妥协、不能容忍，对得寸进尺的人是没有必要宽容的。

第四，鼓励孩子多与他人交往，学会理解他人。孩子只有在不断地与人交往、交流中，才会发现人人都有缺点，都会犯错误，才会容忍别人的缺点和错误，对别人多一份宽容和理解，才能与人友好相处。孩子只有通过交往，才能体验宽容别人的快乐。如用宽容的态度对待别人的缺点，原谅并理解别人所犯的错误，帮助有困难的人等。

每个人心里都有一盏宽恕的灯，当孩子与他人发生矛盾，事事斤斤计较时，家长要提醒孩子记得点亮并擦拭它，让它散发出光，照进别人的心里。让孩子变成宽容大度之人，坦然接受他人的过失，与人为友，才能在人生道路上走的更远。

激发男孩上进心，家长要有好计划

在生活中，有些孩子做事经常敷衍了事，得过且过；或者根本不放在心上，没有认真的态度，随随便便，想怎么样就怎么样。家长看见孩子这样的状况，是否每天对孩子絮絮叨叨，或者任其发展，认为孩子长大了就会好些了呢？

当孩子满足现状，停滞不前时，如果家长想改变孩子的状态，就必须采取有效方法，激发男孩的上进心。

成成上小学二年级了，性格比较沉稳，由于父母不想让他有太多的压力，对他的要求不是很高。平时，他对考试成绩一直都不是很在意，高低无所谓，没有学习动力。上课时，不爱举手发表自己的见解，不喜欢表现自己。竞选学校学生会主席，同学们都争先恐后地报名，可他却一点都不想这事，只想做一个普通的学生。学校组织的各种活动竞赛，从未看见他主动报名参加，认为自己不擅长。妈妈也知道成成没有上进心不是一种好现象，会影响他今后的人际关系与竞争意识。可是苦口婆心说了很多道理，对成成却没有任何效果。

如果一个男孩没有目标，不能坚持和努力，就不能够超越自己。那么，哪些因素会造成孩子没有上进心呢？

1. 慢热型的孩子，往往对与自己无关的东西毫不关心，给人一种没有上进心的表象。2. 闹情绪的孩子，时刻希望父母关注自己，会因为父母的一句话，认为父母不爱他，从而不在乎父母的批评与表扬。3. 心事重重的孩子，渴望父母的陪伴与关爱，会因为有点小事，得不到化解，而对周围的一切都漠不关心。4. 灰心丧气的孩子，情绪不稳定，得到表扬就愿意事事争先，得不到鼓励，就非常泄气。家长一定要针对孩子没有上进心的不同原因，对症下药。

吴桐刚上一年级的时候，信心十足。由于妈妈从小灌输他"第一"的理念，就急于表现自己。班里的同学个个身手不凡，吴桐自然就不可能总是第一。吴桐性格比较开朗，活泼好动。人很聪明，一点就透，因此上课就坐不住，遭到老师的屡次批评或者罚站。吴桐有过一段情绪消极的状态，不想上学，没有上进心，成绩急速下降。妈妈看见吴桐这种状态，认真反省后，知道自己的教育方式有点不妥，造成吴桐受挫能力弱，不应该拿成绩来奖罚孩子。此后，妈妈在检查吴桐的作业时，指出吴桐有哪些知识没有掌握，需要注意的地方，帮助他解决难题，培养吴桐的学习乐趣。直到吴桐上了二年级后，换了新老师。在交谈中，得知吴桐也很喜欢那位老师，妈妈借机鼓励他好好表现：上课积极发言，积极参加班级组织的各种活动。经过他的努力，有了进步，老师曾多次当众表扬他。看见吴桐有了上进心，妈妈非常高兴。

对于男孩来说，身上最可贵的品质之一是有上进心，没有向前、向上的拼搏精神，很难取得成就。作为家长，要与孩子沟通交流，找出孩子没有进取心的根源，对孩子循循善诱，正确引导。

家长激发男孩的上进心，要做好以下几点：

第一，了解孩子的兴趣爱好。兴趣是孩子最好的老师，家长要了解孩子的兴趣爱好是什么，循序渐进，培养孩子良好的学习和生活习惯。

第二，给孩子设立目标。家长要根据孩子的实际情况，为孩子设立一些目标。孩子完成目标后，要及时给予一定的表扬和奖励，这样会增强孩子的自信心，提高孩子的积极性。教孩子学会自己设立目标，一旦设立目标就必须坚持到底。有了进取的动力，离成功就不远了。

第三，鼓励孩子阅读励志的故事。家长要多向孩子讲述伟人事迹，带他参观伟人的故居，让孩子切身体验伟人的艰苦生活条件，激发他的进取心。

第四，重视孩子意志力的培养。顽强的意志是完成目标的保证，不断进取才能获得更大的成功，最好的办法就是每天坚持做一件事并坚持到底。如：练书法、跑步等。

孩子没有上进心，家长一定不要着急，要冷静找出根源，解决问题。平时一定要多关注孩子，鼓励孩子，使他有积极性，具备敢于冒险，敢于拼搏，不断进取的乐观精神。

第三章
习惯培养，阳光男孩要注意生活细节

帮男孩改正丢三落四的毛病

当你千叮咛万嘱咐你的男孩，千万要把作业本装好了，不要忘记带，孩子满口答应，结果第二天，还是忘记了；当孩子做什么事情总是丢三落四的，不是忘记这个，就是忘记那个，你是否特别头疼孩子的这个坏毛病？

在生活中，孩子有丢三落四的现象是很平常的事，不要感到大惊小怪。但是，如果孩子经常这样，家长就要多注意，多关注孩子，千万不要认为"孩子长大懂事了，自然而然就好了"，对孩子丢三落四的毛病要及时引导并纠正。

谭谭有丢三落四的坏习惯。不是今天忘记带铅笔就是明天忘记带书。生活上也是一团糟，经常不叠被子不说，自己放的袜子也常常找不到。跟同学出去玩，也常常忘记带东西，因此同学给他起了一个外号"马大虎"。

一天早上，妈妈因为赶时间送谭谭上学，便叫他自己去整理书包。可是当她看见儿子折腾了半天，把书包弄得乱七八糟的，甚至有些书都掉在了地上，便着急帮他整理好了。到了学校，却发现作业本忘记带了，老师批评他，他却说："都怪我妈妈没给我装好。"

事后，妈妈知道了这件事，知道是自己什么都替孩子操心的错，导致孩子事事都不操心，出现问题还要埋怨自己。后来，妈妈告诉谭谭："你长大了，自己的事情自己做，自己的房间和书包，都要自己去整理。"妈妈还及时引导谭谭养成列清单的好习惯，过了一段时间，谭谭渐渐很少出现丢三落四的情况了。

当发现孩子经常忘记带东西，家长也很烦恼。不禁会有一个疑问，孩子为何出现这个问题？原因在哪里？其实，家长首先要反省一下自己，是不是事事都替孩子操心；是不是总提醒孩子别忘记带东西，却没有让他自己监督自己；是不是一直心疼孩子，看见他的东西乱放，就帮他整理房间，却没有让他学会把自己的东西放在固定的位置……这些都会养成孩子的依赖心理，导致丢三落四的情况频繁发生。

当然，也有孩子自己的原因：第一，孩子的记忆力比较差，没有列单子的习惯；第二，孩子的态度比较马虎、粗心。常常没有听懂或者没听完别人说什么，就忙着去做；第三，孩子在生活上缺乏条理性，东西乱摆乱放，常常找不到想找的。

那么，家长如何引导并帮助孩子改掉丢三落四的坏毛病呢？

第一，养成列清单、做检查的好习惯。家长可以告诉孩子，把要做的事情都写在一张纸上，每做完一件事情就在旁边做个标记。如家长可以引导孩子将昨天的作业和要带的东西列在单子上，然后查缺补漏。将单子放在最显眼的地方，帮助提醒孩子记住事情。列单子不仅可以帮助孩子改掉丢三落四的坏毛病，还可养成一丝不苟的习惯。

第二，让孩子自己整理房间。家长要告诉孩子，自己的东西要放在固定的地方，这样，拿东西或者找东西都比较方便，以免要用时找不到。

第三，让孩子自己承担丢三落四的后果，当孩子找不到东西，忘记带学习用品时，家长不要去管，让孩子自己承担后果。这样孩子会对自己的坏毛病痛定思痛，从后果中吸取教训，养成对自己的行为负责的习惯。

第四，避免为孩子包办代替。家长如果把所有事情都帮孩子做了，很容易让孩子养成依赖性。家长一定尽量让孩子完成自己的事情，适当地提醒孩子是很有必要的，但不是动手帮孩子完成。

一旦发现孩子有丢三落四的恶习，家长就要用心，采取有效的方法帮助孩子改掉丢三落四的坏毛病。

告别做事拖拉，增强男孩的时间观念

在生活中，常常会有做什么事情都慢半拍的男孩，穿衣穿鞋、收玩具、写作业等老跟不上别人的速度，一点都不着急。即使家长不断地催促孩子快一点，孩子依然表现的不紧不慢，很多家长就开始帮着孩子做。长此以往，孩子就有了很强的依赖性，心里想着：反正我慢一点也没有关系，爸爸妈妈会帮我做的。

孩子天生就喜欢玩，由于对时间观念认识不足，做事就会比较拖拉，这一点让很多家长为之头疼。家长想尽了办法，想改掉孩子做事磨蹭的坏习惯，却往往以失败告终。主要还是有些家长一味地要求孩子快，并没有深究孩子做事慢的原因。

小新今年8岁了，是个慢性子，做什么事情都是慢腾腾的，写作业也拖拖拉拉。就因为这一点，没少挨批评。早上叫他起床，穿衣服就要很长时间，上学快要迟到了，也不着急，天天早上都要磨磨蹭蹭的，一点时间观念都没有。吃完晚饭，妈妈叫他去洗澡，等了一会，他还在玩游戏呢，妈妈催他赶紧去，他头也不回地说："马上，一分钟。"这一拖就是半个小时，最后还是妈妈把他的游戏机拿走了，他才慢腾腾地站起来。

当孩子做事爱磨蹭，通常是因为他没有紧迫感，对时间概念比较模糊；还有些孩子天生就比其他孩子动作慢，不论什么情况下，做什么事情，都是行动迟缓，慢条斯理，不着急。

家长不妨分析一下孩子做事拖拉的原因。

1. 有些孩子是天生慢性子；

2. 孩子没有时间观念；

3. 孩子对某些事情不感兴趣，不喜欢做，故意磨蹭时间；

4. 孩子受到家长的拖拉习惯的影响。

温温是个十分顽皮的孩子，做什么事都磨磨蹭蹭，迟到是家常便饭，老师也因为这个问题没少找他的妈妈交流。为了改变他做事拖拉的坏习惯，爸爸妈妈商量后，决定让儿子吃点小苦头，让他知道磨蹭的后果。温温喜欢赖床，眼看着上学要迟到了，就要求妈妈帮忙穿衣服。妈妈不帮忙，只是提醒他："快迟到了，自己穿衣服、准备东西，妈妈可不帮你。"当温温吃饭时磨蹭，全家人吃完后，妈妈就会"故意"把饭菜都端走，说："爸爸妈妈还有别的事要忙，不等你了。"

经过长时间的纠正，温温终于知道了磨蹭带来的害处，做事很少再拖拉了。

孩子做事拖拉，或者磨蹭，有的和孩子的生活习惯有关，有的和孩子的性格有关，不管是哪一种，家长都要具体问题具体分析。如果孩子拖延时间的坏习惯没有引起家长的足够重视，没有及时给予孩子引导的话，不仅会影响孩子的学习成绩和学习效率，也会影响孩子将来的生活。

那么，家长应该如何帮助孩子改掉做事拖拉，增强孩子的时间观念呢？

首先，家长要给孩子做好示范。有些孩子做事磨蹭也许是因为缺乏操作的技巧或者是动作不熟练，家长就要教孩子生活中的各种技能，训练孩子做事的动作规范性。如书籍、玩具要分列摆放。

其次，要给孩子定规矩，勤督促。家长要求孩子做事情必须在一定时间内完成，如果孩子完成了，夸奖他并给予奖励，完不成也要有小惩罚。如规定时间内未完成家庭作业，不能玩游戏；家长安排做的事情没做完，不能出去玩等。

最后，要给孩子玩的自由时间。让孩子自己自由支配时间，去做自己喜欢做的事情，多培养孩子的学习兴趣和主动性。如，孩子写完作业了，想玩游戏或者看课外书，家长不可进行干涉，逼迫孩子做别的事情。

孩子做事拖拉或者磨蹭，都会有其原因。家长一定要善于发现问题的所在，再对孩子进行正确的引导，切不可对孩子打骂，说一些"你真笨"之类的言语，否则会严重影响孩子的身心发展。

不懂就多问，虚心好问的男孩人人喜欢

现实生活中，有很多孩子对于不懂的事情，从来不会问父母，也

不敢问老师，向别人请教的可能性也少之甚少。长期下去，孩子会失去学习的兴趣，产生厌学的心理，严重影响孩子今后的智力发展。

学习就是在不断发现问题、提出问题、解决问题的过程中，理解并掌握知识。如果孩子不懂的东西不问，很容易造成学习上的障碍。家长一定要引起重视，鼓励孩子积极主动地询问他人。

旺旺9岁了，不爱学习，成绩也不好。平时，旺旺无论是做作业还是上课，遇到不懂或者不会的问题时，从来不会主动询问同学或者老师。老师也曾向妈妈反应，旺旺在学习中，从未主动提问过。虽然妈妈总是对旺旺说："在学校里要好好学习，遇到不懂的问题，就要主动向老师提问，而且老师非常喜欢总问为什么的孩子。"旺旺每次听完妈妈的话，总是点头答应。可是到了学校，还是遇到问题不吭声，学习成绩也持续下降。为此，妈妈也非常着急，可是却不知道怎么才能改变旺旺，让他遇到问题主动向别人请教。

每一个孩子在学习的过程中，都会遇到很多的问题需要解答。在学校里，一些男孩在学习中发现不懂的问题，由于害羞或者因为上课时老师已讲过，怕老师反感或者指责，不敢问老师；即使是询问同学，有些孩子又怕被他们嘲笑，认为自己太笨，这么简单的问题都不会；男孩在家里做作业、练习时，家长过于忙碌，爷爷奶奶又不会，找不到合适的人请教，即使有答案，也不明白其中的道理。孩子的问题得不到及时解决，求知欲就会逐渐减弱，最后形成了不懂也不问的坏习惯。

思思一直学习很好，可是上了初中一年级后，成绩一直不是非常理想。妈妈一直也苦恼着，后来发现了问题所在。原来，小学的知识都比较简单，思思人很聪明，只要认真听讲，很容易就学会了。可是初中的知识比以前难，思思性格比较腼腆，又不敢向老师问问题，学习起来自然就比较吃力。在家里，思思偶尔会向爸爸请教，但是赶上爸爸不耐烦，就会让他自己去想，后来思思也就不经常提问了。妈妈意识到问题的严重性后，开始跟思思沟通。当妈妈知道思思怕老师烦、怕同学笑话的心理后，就开始鼓励他提问题。告诉思思，不懂就问，虚心好学的孩子，老师都会喜欢的。而且在家里，爸爸妈妈也经常询问思思有没有不懂的地方。后来，思思开始主动向同学们或者老师问问题，渐渐地，成绩得到了提高。

不懂就问，是开启知识之门的金钥匙，是通往成功之路的铺路石。在学习中遇到不懂的问题，男孩不但可以与他人互相切磋，共同探讨来解决问题；也可以向他人请教，吸收别人的经验来解决自己遇到的疑难问题，还可以利用别人的长处，弥补自己的不足之处。

遇到孩子不懂却不问的状况时，家长要做到以下几点来帮助孩子，让他主动询问。

第一，耐心回答孩子的问题。无论家长多忙，当孩子提出问题时，都要耐心回答。如果遇到很难解答的问题，家长可以跟孩子一起查找相关的资料，寻找问题的答案。

第二，多鼓励孩子提出问题。家长要了解孩子不懂不问的原因，告诉孩子：在学习过程中，每个人都会遇到或大或小的问题，多向身边的同学或者老师提问，消除孩子的恐惧心理，让孩子大胆地提出问题。

第三，多向孩子讲述好学好问的事例。有些孩子即使自己有问题要问，却由于不自信，怕出错，被嘲笑或者受到责备而不敢开口。家长要多向孩子讲一些好学好问的事例，如孔子不耻下问的精神，激励孩子养成好问的好习惯。

当孩子有问题不主动向他人询问时，家长就要了解孩子的心理，正确引导孩子，遇事多动脑，有难题要积极大胆地提问。让孩子明白，只有虚心向他人请教，才能不断取得进步。

学问，既要学又要问，只有在学中问，在问中学，才能获得真正的知识。男孩在学习的过程中，始终离不开问，只有养成不懂就问的习惯，才能成为学习的主人。

分清主次，让男孩把重要的事放在首位

孩子放学回家第一件事，往往就是先打开电视，看动画片。直到爸爸妈妈下命令了，孩子才不情愿地关上电视，去乖乖写作业。这种现象在生活中非常常见，也是令众多家长非常头疼的一件事情。

孩子最大的特点就是爱玩，最喜欢玩游戏，总是凭兴趣做事，兴趣往往在孩子心中排第一位。比如做作业，很多孩子都选择先玩再做，而且做的时候容易分心。长此以往，孩子会逐渐养成做事不分主次的坏习惯。

炎炎已经上二年级了，喜欢做的事情很快就能做完，不喜欢的事情就做得很慢。平时，炎炎一放学就放下书包，打开电脑就开始玩游戏。妈妈看见了，就问炎炎："儿子，做完作业了没有？"炎炎说："没有。"妈妈说："先写完作业，再玩游戏。"炎炎就说："妈妈，让我玩一会，一会就写作业了。"不管作业多还是少，炎炎总是先玩后写作业，作业错误率当然就高了。虽然妈妈没少说他，可炎炎依然没有改变，就是周末的时候，炎炎也总是先玩，看课外书，玩游戏等，

玩够了，才记得去写家庭作业。炎炎常常因为玩忘记做作业，没少被老师批评。虽然，妈妈也曾跟他交流过，但效果不佳。

孩子在做任何事情时，由于对事情的主次分不清，做事效率就不高，这些往往跟家长的教育有关。由于家长的疏忽，没有正确引导孩子，孩子做事情通常不知道什么是主要的，什么是次要的。

涛涛是个非常调皮的孩子，很贪玩，总是先玩再做作业，往往写到很晚才睡觉，影响第二天的上课的精神状态，学习成绩自然有所下降。针对儿子这种做事不分主次的情况，妈妈想了一个好办法。

有一天，妈妈拿了一个瓶子，然后装了些石头，问涛涛："儿子，瓶子装满了吗？"涛涛说："装满了。"妈妈又倒进了一些沙子，又问："现在瓶子装满了吗？"涛涛迟疑地说："装满了。"后来，妈妈往瓶子里倒了些水。接着问涛涛："瓶子满了吗？"，儿子自信满满地说："装满了。"妈妈笑着说："如果刚开始没有先把石头放进瓶子里，那么，等杯子满了后，石头就装不进去了。做事情也是一样的，一定要分清主次，否则就会手忙脚乱，漏掉最重要、最要紧的事情。"

自那以后，涛涛每次都是先做完作业，再看电视，上课认真听讲，成绩也越来越好。

在生活当中，孩子渐渐独立后，面临各种事情时，就会感到心烦意乱。由于孩子无法平静地判断出当前最该做的事是什么，哪些事情是无关紧要或者可以晚点做的。往往在这种情况下，孩子就做不好事情。

这时，孩子最需要得到家长的帮助。家长就要帮孩子分清做事情有三种：第一种是必须做的事情，第二种是可做可不做的事情，第三种是不该做的事情。对于孩子来说，必须做事情就是认真读书，学习，做作业。可做可不做的事情就是玩乐，玩游戏等。

在孩子的成长过程中，家长要帮助孩子分清主次，先做最主要的事情，具体方法如下：

首先，教孩子学会分清事情的主次。面对各种事物，孩子无法做出正确的判断时，家长就要帮助孩子将复杂的事情进行分类，排列主次分明，然后让孩子按照排列顺序一件件去完成。

其次，有意识锻炼孩子自行制订计划。如暑期要如何安排，让孩子自己去制订出计划表，按照轻重缓急的顺序做。平时要求孩子制定每日计划，表可划分两栏：必做项和选做项。每日晚上要检查一下计划表，必做的做完没有，选做的做完多少，再制定出第二天的计划。

最后，用事例或者讲故事的形式启发孩子。孩子做事杂乱无章，是由于没有意识到不分事情的主次会造成哪些后果。家长就要告诉孩子，不分清事情主次有哪些害处。家长在平时生活中，多给孩子讲一些相关的故事，让孩子从中受到启发。

当孩子总是先做他喜欢做的事，不做该做的事，主次颠倒时，家长不要总是唠叨不停。而是要冷静下来，理智分析其中原因，与孩子进行沟通交流，了解孩子内心想法，正确引导孩子养成做事有主次的好习惯。

几个绝招应对男孩赖床睡懒觉的坏习惯

"每天早起上学，孩子都赖床，所以总迟到，这可怎么办？"不少家长都为此感到头疼。家长们总觉得自己家的孩子很懒，每天起床都要反复叫，家长急，他却不急。

生活中，每天早晨总能上演这样的情景：上学的时间就快要到了，家长不断地催促，孩子却仍然"赖"在床上不起，不少家长就开始火冒三丈，使出浑身解数，最终大费周章地叫孩子起床，无论对家长还是孩子，都是一种折磨。如果人长期赖床，不但会破坏人体的正常生物钟规律、导致记性力下降，而且很容易使人的大脑供血不足，消化不良，还会影响泌尿系统的健康。

田田是一个起床困难户，每天妈妈叫他都很困难。一天早上，闹钟响了很久，田田也没起床。妈妈走到床前喊了声："起床了。"只见田田翻了个身，接着睡！"田田，快起床了，要迟到了，听见没？快点啊！"妈妈开始有点着急了，音量也提高了不少。田田睡眼朦胧，看了看妈妈，说："知道了。"妈妈以为儿子要起床了，就说："我先去准备早餐了，你快点起床，一会去刷牙洗脸啊！"

过了一会儿，妈妈没见田田出来，就去田田房间，看见儿子还赖在床上！她顿时有点火大，大声说："迟到了，快点起！"田田说："急什么，等我再躺几分钟，一会就起了。"妈妈直接就把田田从床上硬拉起来，他这才不情愿地穿上衣服……

孩子赖床是个坏习惯，不利于身体健康发展，家长需要了解孩子为什么会赖床，原因在哪？孩子赖床分为习惯性和阶段性。一般来说，孩子阶段性赖床的原因有以下几点：

1. 孩子在一段时间内过于紧张或疲劳，休息时间短。如考试期间，孩子学习任务重，学习到很晚才睡或者是放假期间，玩的太兴奋，过于疲劳，影响了正常生物钟。

2. 孩子可能健康出现了问题。如孩子生病了，没有精神，早上起不来。

而孩子经常性赖床的原因，也可分为两种：

1. 作息时间不规律。孩子晚上睡觉的时间不固定，想啥时睡就啥时睡，早上起不来，家长也没办法。

2. 孩子有依赖性。早上起床都是家长叫，孩子才起。孩子没有自觉性，久而久之，就完全依赖家长了。

闹钟响了半天，小尚赖在床上不起。在妈妈不厌其烦地催促下，小尚又躺了几分钟，起床了。面对小尚每天都如此赖床不起，妈妈苦恼不已，最终想了个好办法。一天早上，看见小尚赖在床上，丝毫没有起床的意愿，妈妈说："我就叫你一遍，你要是不起，迟到了，是要挨老师批评的"，小尚模模糊糊说："知道了"，结果这一迷糊就睡到了8点。小尚一看闹钟，迟到了，就飞快地穿上衣服，嘴巴还嘟囔道："妈妈，怎么不叫我啊"，妈妈说："上学是你自己的事情，我叫过你了，你不起，我又什么办法呢？"后来，小尚在众目睽睽下坐到了自己的座位上，课后被老师叫到办公室里，狠狠批评了一顿。自那以后，小尚就自己定好闹钟，闹钟一响就赶紧起床，再也不用妈妈一遍遍地催促了，也没有发生迟到的现象。

很多孩子都有赖床睡懒觉的坏习惯，即便是家长催促了，也不愿离开温暖的被窝。眼看上学时间到了，家长对此是又急又上火。

那么，家长如何做才能让孩子改掉赖床睡懒觉的坏习惯呢？

第一，让孩子自己决定何时起床。孩子赖床不起，家长往往运用权威控制、训练孩子，孩子变得被动。如果家长尊重孩子，把问题的主动权交还给孩子，让孩子自己选择，承担责任。即使孩子迟到了，得到教训后，就会主动计划时间。

第二，让孩子学会劳逸结合。让孩子合理利用时间，进行有效学习。不要等到快考试了，才想临时抱佛脚，造成睡眠不足，起不来床，作息时间被打乱，影响考试的发挥。

第三，孩子的作息时间要规律。家长要严格要求孩子在固定的时间休息，即使是放假，也不能放纵孩子玩得太晚。如晚上9点睡觉，早上6点起床。如果孩子没有做到，就要做出适当的惩罚，如不能看电视或者玩游戏等。

谁都会有赖床睡懒觉的想法，何况是孩子？经常赖床，就很容易形成恶习，对孩子的健康非常不利。因此，家长一定要培养孩子养成有规律的作息习惯。

做事有始有终，不能虎头蛇尾

不少家长有这样的烦恼：男孩做事总是三分钟热度，开始的时候积极热情，但是刚做了一半，就没心思再做下去了，而让他坚持做完一件事情更是非常难。孩子做事总是有始无终，是他们的意志不够坚定，对孩子来说，是否有坚定的意志对于他长大之后的工作、人生成功与否有直接的影响。

有一幅很形象的漫画就是形容做事虎头蛇尾的：画中人挖了无数个水井，可是都没有挖得很深，因此他永远喝不到水。这样做事半途而废的人，人们肯定不敢把重要的事情交给他。所以，父母要从男孩很小的时候就引导他做事有始有终。

李女士的儿子天天对乐器很感兴趣，李女士和丈夫商量之后，就花两万多元钱买回了一台钢琴，还给儿子请了一位钢琴老师。巧的是，和天天同龄的邻居的小男孩也在学钢琴，而且请的是同一位钢琴老师。

刚开始上钢琴课时，天天总是兴致勃勃地坐到钢琴前练习，放学回家写完作业，也能练一个小时左右的琴。可是，从第二个月开始，李女士发现天天练琴的积极性越来越低了。每次让天天去练琴，他总是磨磨蹭蹭好一会儿；去老师家里上课，让他弹一首上节课布置的曲子，他也弹得走了调。据老师反映，邻居家的小男孩非常刻苦地练琴，而且弹奏得很好。李女士听了，无比气馁。放暑假了，本来李女士希望天天有时间多练练琴，可天天说什么都不肯再弹了，吵闹着要玩不要学琴。这让李女士气急败坏，难道刚买回家不过三个月的钢琴就要成摆设了？虽然她也知道学习钢琴的过程漫长又枯燥，可是邻居家的孩子为什么能坚持下来呢？

孩子做事是否有始有终，和家长的教育是分不开的。只有教导孩子认真完成每一件事，在人生的道路上，他才会走得更远。

那么，家长应该怎么做呢？

第一，分清"做事有始有终"的两个方面。一是形式上的有始有终，比如玩过一个游戏，把相关的玩具收起来以后再去做别的；另一个是活动内容上的有始有终，把一张画认真画完也是有始有终的表现，但是这张画可能是分好几次完成的。男孩小的时候，家长可以在形式上要求多一些。而随着男孩年龄渐长，就要注意针对活动内容的把握，运用灵活的方法，给男孩留出一定空间。例如，安排孩子开始一个活动之后，父母不要乐得清闲，而是要留心观察孩子活动的进程，偶尔给予肯定和指导。

第二，掌握好事情的难度和时间要求。家长不能任凭自己的兴趣来要求孩子完成某件事情，而且，如果要求孩子坚持某种难度过大、时间过长的活动，都容易使孩子半途而废。

第三，事先要与孩子协商交流，制定合理的目标。当孩子不肯完成时不能随意迁就，而是要分析一下孩子放弃的原因，如果不是因为难度过大而无法完成，就要态度温和地督促孩子做好。但是，如果一件事的难度确实较大，让孩子产生了抵触情绪，父母也应该适当地让孩子松一口气，降低难度水平，让孩子看到自己努力的结果，鼓励他继续努力。在此过程中，父母切忌唠叨、讽刺、批评、挖苦，否则很容易使孩子产生逆反心理。

第四，观察孩子做事的速度和进步，当他遇到困难时给予适当帮助，对他的点滴进步给予鼓励和肯定，让他自信、快乐地坚持做下去。

第五，从孩子的生活习惯入手。家长可以先提出小的要求，安排一些不太费力就能完成的任务，久而久之，孩子就会逐步学会控制和约束自己的行为，有始有终地做好每一件事。

第六，锻炼孩子承担一些责任。父母可以把某件事作为一个任务，郑重其事地交给他，比如家里养了小宠物，要求孩子给它喂食；或是让孩子每天去取牛奶等。培养孩子的责任感，有利于为他增加克服困难的勇气和把事情做好的决心。

父母交给孩子做的事情，哪怕是很小的事，也要有检查、督促以及对结果的评价等方面，这样才能培养出持之以恒、认真负责、做事有始有终的男孩。

促进身心健康，男孩需要多运动

每一位父母都非常重视孩子的健康，但是侧重点仍然放在饮食和营养保健品上，为了预防孩子生病，父母会购买一些营养品来增强孩子的免疫力，却忽略了运动这个增强孩子体力和抗病能力的最佳方法。

父母不妨想一想，在自己小时候，趟河、爬树、翻墙、打土仗、玩沙子、课后劳动，步行或骑车上下学……这些以前最常见的活动在如今的孩子身上都无影无踪了。曾经在放学之后的自由活动，不仅锻炼了身体，还使人获得了对环境大胆探索的能力，而现在的男孩们，缺乏的正是这种自由活动的机会。

有一对 8 岁的双胞胎兄弟，哥哥叫成成，弟弟叫然然。在他们出生后不久，妈妈就赴美留学，带走了成成，把弟弟然然留给了自己的婆婆抚养。

奶奶对然然可谓是关怀备至、百般呵护，不放心把孩子交给幼儿园、托儿所，就在家里精心抚养照料着然然。可是，受到如此照顾的然然却总是受伤和生病。冬天虽然穿了很厚的衣服，但只要被寒风吹着了，回家就会发烧。三岁那年，然然不小心摔倒了一次，造成右手腕骨折；五岁时，他骑四轮童车摔倒，造成了轻微脑震荡。而成成跟着妈妈在美国长大，则是吃了不少苦。因为妈妈学业繁忙，就把他安置在一个黑人家庭创办的托儿所长大，跟一些同龄的小孩子一起爬，不到两岁就学会了游泳。到八岁时，成成不光游泳技术好，还能骑两轮自行车、滑板、滑旱冰。而这些在美国孩子中比较常见的运动，然然是一样也做不来的。

可见，运动对孩子的健康成长起到很重要的作用，家长需要引起足够重视。运动对孩子具体来说有哪些好处呢？多做运动不仅让孩子身体健康，还能增强孩子的智力发展和心理健康。

1. 锻炼能保持体重。许多肥胖的孩子在生活中普遍缺乏锻炼，容易受到高血压、糖尿病、心脏病等疾病的威胁。所以，平衡能量的摄入和输出，保持适当的体重是非常重要的。要做到这两点，就要摄入能提供生长发育所需营养的平衡饮食，并且通过锻炼消耗多余的热量。

2. 运动能强化孩子的肌体功能。

强化心脏：有氧运动能使心脏持续加速跳动几分钟，通过一次次的有氧运动，氧气被输送到肌肉，心脏会变得更强壮，做事也更有效率，不会轻易疲劳。

强化肌肉：锻炼能使肌肉更强健，给关节更好的支持，使人不易受伤。

增强柔韧性：柔韧性好的人不容易在剧烈的活动中发生肌肉拉伤或关节扭伤的问题，生活中很多运动都对增强柔韧性有帮助，比如武术、跳舞等。

3. 锻炼使孩子更愉快和兴奋。锻炼时，人体内能分泌内啡肽，这种物质能使人产生极为兴奋的感觉。

既然了解了男孩体能锻炼的重要性，那么家长们就赶快行动吧，不要错过男孩身体发育成长的关键时期。

可以锻炼男孩平衡能力的运动主要有：单双杠、攀爬网架、荡秋千、踏板车、走平衡木、单脚连跳、单脚独立、跳绳等。

可以锻炼男孩肢体协调能力的运动有：骑自行车、划船、翻跟头、游泳、匍匐钻洞、抛接球、踢球、扔沙包、打乒乓球等。

除此之外，溜冰、长跑等也可以强健男孩的体魄。通过这些相对大运动量的体育活动，锻炼全身机能，能增加肌肉系统紧张度，增粗肌纤维，增强耐力和活动力；增加肺活量，让呼吸加快加深，促进呼吸肌发达；加速血液循环，加强心脏收缩能力，改善心血管功能；也能让神经系统反应灵活、迅速，使体内新陈代谢活跃，改善消化功能。

孩子的任何身体活动都是神经系统指导肌肉，从而牵动骨骼所实现的。因此，家长一定要让男孩多运动，使他身体各个部分都得到充分锻炼，提高全身机能的整体素质。

纠正孩子挑食偏食，重在家长心态

如今，很多男孩都有偏食、挑食的坏毛病。偏食挑食会造成孩子营养不良或营养不合理，将严重影响他们的身体发育和智力发育，甚至出现行为方面的问题。因此，家长们都忧心忡忡，却不知道应该怎么处理。既害怕孩子的这个坏毛病影响其各方面发育，也不明白为什么平时在家里给孩子吃好的、喝好的，孩子的发育仍然不达标，不是过瘦就是过胖。

涵涵的妈妈就有这个烦恼。涵涵今年十岁了，虽然在饭桌上，家长经常"强迫"涵涵多吃蔬菜，可是他吃东西还是很挑，爱吃鱼，吃肉的话又只吃肥肉，瘦肉全都吐出来。每次吃饭的时候，妈妈都感觉很累，全家都要动员涵涵吃青菜，要是餐桌上没有他爱吃的，就又哭又闹，还故意打翻盛菜的盘子。妈妈没办法，只能每顿饭都给他做鱼做肉。现在，涵涵不仅体重超标，比同龄的男孩胖很多，头发也是越来越黄，做什么事都无精打采的。妈妈虽然知道偏食、挑食不好，但是又不知道怎么办才好。

孩子偏食挑食的问题很常见，家长首先要弄清楚这种情况产生的原因。具体说来，可分为内在因素和外在因素两种。

内在因素：

1. 男孩强烈的独立性。对于家长在他们吃饭上的安排，他们通常会产生抗拒，坚持按照自己的意愿进食，容易在该吃饭的时候不吃饭，而去做一些自己想做的事情。

2. 对食物的味道有一定的喜好，比如偏爱甜食、油炸食品等。

外在因素：

1. 家庭成员的饮食习惯。家长的饮食习惯会严重影响着孩子的饮食，因为孩子具有模仿性，比如家长不喜欢什么食物，大多数孩子也不会喜欢这种食物。

2. 吃饭的氛围。有的家庭看到孩子吃饭挑食偏食，就采取高压手段，强迫其进食；或者边吃饭边讲话、看电视也会干扰孩子吃饭。

3. 饭菜的制作。一些家长制作的饭菜过于粗糙、味道单一，没办法引起孩子的食欲，从而造成对饭菜的拒绝。

4. 疾病因素。孩子生病后会影响消化系统功能，比如肠蠕动减慢、消化液和唾液腺分泌少，造成食欲减低，这也是孩子的一种自我保护机制。另外，体内缺乏某些营养素也会造成孩子偏食或挑食，如缺锌等。

家长应该了解孩子挑食偏食的原因，这样才能"对症下药"，纠正孩子的这个坏毛病，从而达到使孩子体内营养均衡的目的。

方法一：给孩子创造一个安静、轻松的就餐环境，而且孩子吃饭的地方要固定，吃饭时，周围不要有分散他注意力的地方。另外，家长不要在餐桌上过多地关注孩子，吃饭前，不要给孩子吃太多的零食，适当增加户外运动，孩子自然会有食欲。

方法二：家长要有一致的管教孩子的态度。吃饭期间不要不停地问孩子："喜欢吃这个吗？"或是专门把好吃的菜挑出来让孩子自己吃。有的父母严格要求孩子不要挑食，爷爷奶奶出于心疼心理，却说："这个菜是专门为你做的。"这种做法本身就会造成孩子挑食偏食的坏习惯。

方法三：孩子不爱吃饭，家长不能哄骗，也不能威胁、许诺，否则孩子会将吃饭当做要挟家长的"武器"。对此，家长可以采取"饥饿法"，孩子不想吃，就先不让他吃，等他饿了再吃。不必担心这种做法会对孩子身体造成伤害，因为身体内部的需要会自动调节，这顿饭没吃好，下顿饭就会"吃"回来。

方法四：当孩子不好好吃饭时，家长要冷淡他，不满足其他的要求。即使他哭闹、发脾气也不要去哄，而是要"冷处理"。让他明白：这样做得不到大家的喜爱，也不能满足自己的需要。

方法五：家长做饭时，应尽量注意营养和色、香、味的搭配，增加食物对孩子的吸引力。比如，同样是面食，可以把馒头做成"小动物"形状的，会增加孩子的好奇和食欲；荤素鱼肉也要搭配得当。此外，在餐桌上，家长之间的谈话也很重要，如果谈论这个菜好吃，那个菜不好吃，也会影响孩子的食欲。

男孩挑食、偏食，对他的成长发育都是很有害处的，所以家长应该掌握一些合适的方法，纠正这样的坏习惯，才能使他健康成长。

男孩平时要端坐，才能既美观又健康

虽然每个父母都知道要让自己的男孩"坐有坐样，站有站样"，看到孩子坐姿不正时，也会及时予以纠正，可是，当男孩在学校，或是父母不在家时，他们还是恢复老样子，歪在座位里，要么就是翘着二郎腿。家长会很生气又无奈地说："你这孩子怎么这样吊儿郎当的?!"

宇浩今年读初中，是个小帅哥，学习成绩也很好，但是他有一个很不好的毛病，就是坐姿不正，无论是看书、写作业还是看电视，都弯腰弓背，尤其在写字的时候，总喜欢整个人趴在桌子上。每次妈妈发现他这样，都会予以纠正，提醒他坐直，可刚坚持端坐没一会儿，宇浩又恢复了原来的姿势。

最近，宇浩告诉妈妈，自己这两天总是腰酸，后背发麻，而且有时候偏头疼。妈妈带宇浩去医院检查，结果发现宇浩得了脊柱强直。

医生还说，对脊柱施行矫形手术有一定的难度，手术稍有不慎，就可能造成致残等严重后果。而造成宇浩脊柱强直的原因，正是平时不正确的坐姿引起的。

　　传统坐姿要求孩子抬头挺胸，双手交叉放在桌面上或双手背在身后。国家教委一直提倡"一拳，一尺，一寸"，"一拳"是指身体与桌面的距离保持一拳，防止驼背；"一尺"是指眼睛与读写面的距离，要保持明视距离，预防近视；"一寸"是指保持孩子手指与笔尖的距离为一寸，防止孩子眼睛斜视和脊柱侧弯。但是，孩子在生长期，人体的骨骼比较柔弱，很难长时间地保持端坐的姿势，这就是为什么孩子不能长时间坐直的原因。

　　处在生长发育中的青少年，如果坐姿不当，很容易患上脊柱强直的疾病，对人的危害不仅是影响外形，还会压迫心肺，影响心肺功能，甚至缩短寿命。因此，家长必须经常教导、督促孩子的坐姿，不能任由孩子弯腰弓背地看书写字或者半倚半躺地在床上、沙发上看电视。而且，在为孩子洗澡时，应注意查看孩子的脊柱是否出现侧弯，一旦发现问题，应及时去医院治疗。

　　虽然男孩的天性好动，说一两次他可能并不放在心上，不过只要家长长期一直教导、纠正，相信还是有作用的。纠正孩子不正确的坐姿，家长可以试试以下几种方法。

　　方法一：当孩子书写时，为孩子选取偏黄色的纸张。

　　过于洁白的纸张虽然好看，但事实上，高亮度的白色对孩子的视觉神经刺激过强，很容易引起视觉疲劳，而一旦感觉疲劳，孩子就喜欢趴在桌子上看书、写字。这样不但影响视力，对坐姿也十分不利。偏黄色的纸张可以减少视觉疲劳，对孩子端坐写字有一定的帮助。

　　方法二：孩子学习环境的照明光线要柔和。

在光线较暗的环境里，孩子的书写和阅读都会感觉比较吃力，为了眼睛看东西舒服一点，很多孩子会哈着腰学习，这就等于埋下了不良坐姿的隐患，还会给孩子的视力造成影响。所以，一个光线柔和的学习环境对孩子来说至关重要，家长应该为孩子创造这种环境。

方法三：孩子阅读时的姿势要保持正确。

正确的阅读姿势如文前所说的三个"一"：手指离笔尖一寸，胸离桌一拳，眼离书本一尺。孩子掌握好这三个"一"，就能保持身姿挺拔、坐姿端正。

方法四：利用坐姿报警器来纠正孩子的坐姿。

有一款坐姿报警器很适合于平时坐姿不端正的孩子。孩子可以佩戴在耳朵上，当坐姿不正确时，报警器就会发出警报声，提醒孩子及时纠正错误坐姿。

方法五：给孩子配备可以纠正坐姿的课桌椅。

舒适的课桌椅是很多家长都容易忽略的，其实，桌椅的高度、角度等因素，对孩子坐姿的养成有很大关系。有的孩子坐姿正确，身形挺拔，就是因为父母很关注他们的坐姿问题，特别给他们购置了矫正坐姿的舒适的课桌椅。

男孩平时要端坐，才能既美观又健康。孩子坐姿不正，对他们的成长十分不利，所以，家长要注意及时纠正，避免因为一时的疏忽而给孩子带来长久的痛苦。

不讲卫生隐患多，有好身体才有好未来

生活中，孩子不讲究卫生会引发多种疾病。面对孩子的这种问题，很多家长头疼不已。即使对孩子严厉斥责或者晓之以理，也不见成效。

孩子不爱干净，不喜欢洗手、刷牙、洗澡、换衣服等，家长常常会说："说过你多少次了？怎么不长记性呢!"可是无论说了多少次，孩子依然不能养成讲卫生的好习惯。家长不禁感到困惑，孩子为什么总是听不进去呢？

金金现在上三年级了，不讲究卫生的习惯却一点也没有变。每天放学总会玩一会儿篮球再回家，经常弄得是汗流浃背，每次都是妈妈拉他去洗澡，他才不情愿地去洗。好不容易进了浴室，洗了不到五分钟就出来了，不洗手就吃饭更是常有的事，只有妈妈看见了，提醒他洗手，他才去洗手。金金睡觉前从不刷牙，长了不少蛀牙，还常常喊肚子疼，妈妈面对他这种不讲卫生的坏习惯非常头疼，常常提醒或者警告他，但是他没有一次能听得进去。为此，金金没少挨爸爸的打，妈妈拿他是一点办法也没有。

现实中，很多孩子常常把自己弄得很脏，讲究卫生的意识非常差。个人清洁卫生虽然看起来是一件微不足道的小事，却反映了一个人的精神面貌，而且还会让孩子产生多种疾病，这不得不让很多家长引起重视。

那么，孩子不讲卫生的有哪些原因呢？

1. 大多数家长往往看不惯孩子脏兮兮的样子，也就是数落他几句，忍不住就帮孩子清洗，孩子难免会形成懒惰性、依赖性。

2. 孩子缺乏相关的卫生知识，没有意识到不讲卫生的危害。

3. 家长自己都不爱干净，却要求孩子讲卫生，孩子肯定不会听。

4. 有些家长上班比较忙，没有时间教导和管理孩子。

5. 家长对孩子多次的纵容，会让孩子产生无所谓的态度，还会为自己不喜欢清洁的行为找借口，很容易养成不讲卫生的不良习惯。

程程个子挺高，学习挺好，就是有一个让人无法接受的坏毛病：不爱干净。头发经常油腻腻的，衣服也不整洁。由于他经常懒得洗澡，从他身边经过的时候，就有股难闻的气味。因此，邻桌的女孩由于不好意思说他，常常离他远远地坐着。虽然妈妈经常说他，可是他一点也不在意。暑假，堂弟住在他家几天，跟程程睡在一个房间里。不久，程程开始有所改变了。原来堂弟是一个特别爱干净的人，人比较活泼，很受家人的喜欢。程程便逐渐开始在意自己的干净、整洁，房间也常常被他们两个收拾得整整齐齐。两个小伙伴玩的可开心了，妈妈也很高兴。

男孩不讲究个人清洁卫生，危害有很多，作为男孩的家长，要时刻关心孩子的健康成长，培养孩子养成讲究卫生的好习惯。

家长从哪些方面能帮助孩子养成讲卫生的好习惯呢？

首先，教导孩子明白讲究卫生的重要性。孩子每天接触书、玩具等各种东西，如果饭前不洗手，很容易生病。家长一定要告诉孩子，如果一个人不爱干净，没有人会喜欢的。可以反问孩子"如果有个孩子很脏，你会喜欢他吗？"

其次，对孩子要严格要求。家长可以与孩子协商，制定一个可行的卫生规则，让孩子要严格遵守。比如饭前便后要洗手，水果必须洗干净了才能吃，等等。家长可以把规则写在纸上，贴在醒目处，时时提醒孩子去遵守，对孩子养成良好的卫生习惯有很大的意义。

最后，不要逼迫孩子。如果孩子只是被父母逼着或者催着讲卫生，是很难培养出讲究卫生的好习惯的。

培养孩子养成讲究卫生的好习惯，不是一朝一夕就能实现的。家长要对孩子制定严格的卫生规则，持之以恒。切忌对孩子采用责备的言语，家长要用实际行动来感染影响孩子。

第四章
情商培养，男孩卓越人生由它决定

男孩懂得分享，才会有好人缘

当家里来了客人，孩子不懂得与小朋友分享，不懂得礼尚往来时，家长一定觉得非常尴尬。无论家长怎么做，怎么说，孩子就是不愿意把自己最心爱的东西与他人分享时，家长是否会担忧孩子今后的人际交往？

不懂得分享的男孩，总是死死盯着自己的东西，不愿意别人碰；或者自己不玩的东西也不想让别人玩，只要是自己感兴趣的，哪怕是别人的东西，也总想占为己有……

平平从来不愿意与别人分享他的东西，有好玩的自己玩，好吃的自己吃。有一次，邻居因为有事出去一会儿，就把他的孩子兰兰送过来，跟平平一起玩。每当兰兰向他的玩具靠近一点，他就一步抢先过去，双手护着玩具，对兰兰大声说："这是我的，不许碰我的玩具！"

妈妈说了平平几句，可他依然不肯。后来妈妈拿了些水果和饼干给他们吃，平平也说："这是我的吃的，不许吃！"兰兰不禁大哭起来。

对于不愿意分享的孩子，很多家长都会有不同的反应。有些家长抱着无所谓的态度，说："我家孩子就是小气，吃的，玩的，谁也不给，没办法。"有些家长强迫孩子把玩具交给别人玩，孩子不愿意就打骂。有些家长对孩子进行一番说教："不把玩具给别人玩的孩子不是好孩子，是没有人喜欢的！"其实，这些做法都是不正确的。

小风是独生子，家里对他宠爱有加，什么好吃的都会给他留最好的。因此，他根本就不知道与他人分享。有一回，堂弟来家里玩，也带了个好玩的玩具，小风很想玩，但堂弟不给他玩。妈妈见状，就对小风说："你可以拿自己的玩具跟弟弟交换。"小风想了一下，听了妈妈的话，而堂弟也同意进行交换。妈妈趁热打铁说："看，儿子，只要你把自己的玩具给别人玩，别人就会把自己的玩具给你玩，多好呀！"小风点点头，表示赞同。自那以后，小风就愿意把自己的东西和小朋友一起分享了，在家的时候也知道有好吃的等着大家一起吃。

如今，孩子的分享意识并不是很强，孩子的分享行为也不是天生就有的，而是通过家长的教育和引导逐渐形成的。当孩子不愿意分享时，家长一定要找出孩子为何不愿分享的原因。通常，孩子不愿意分享的原因如下：1. 孩子不愿意分享东西时，家长处理的不当。如：强迫孩子把心爱的东西给别人等；2. 孩子曾有过给小朋友玩玩具时，东西被弄坏等不愉快的经验；3. 孩子是独生子女，缺少分享对象。

人拥有的东西是有限的，不可能拥有全部。当孩子拥有一种东西时，要教导孩子学会与人分享，将会收获更多。比如，别人送了你一箱苹果，你把一部分分享给他人，可能会意外地收获到香梨、橘子、香蕉等。告诉孩子，拥有快乐时，与他人分享就有了两份快乐；有烦恼时，与他人分享，烦恼就少了一半。分享是快乐的，学会与他人分享是最快乐的一件事情。为了让孩子懂得与他人分享，获得好人缘，家长一定要做到以下几点：

第一，创造机会，教孩子学会分享。由于现在独生子女多，孩子没有同龄玩伴，所有的东西都是他一个人的，自然就会比较自私。家长要多带孩子去亲友家玩，也可邀请朋友或者同事带着孩子来家里做客，让孩子把自己的东西拿出来与他人分享。也许刚开始会比较难，但有过多次的分享经验，孩子会非常高兴并且愿意与小伙伴分享。

第二，以讲故事的形式来启发孩子。平时，家长可以多给孩子讲讲关于名人爱分享的小故事，如：孔融让梨等。让孩子从中明白，自己的东西要学会与人共同分享。

第三，不可强迫孩子把东西给别人玩。当孩子不愿意把自己心爱的玩具给别人玩时，家长可以跟孩子商量，引导孩子乐于借出。如："你先玩一会儿，玩完后，也给他玩一会儿，好吗？"这样，孩子有了决定权，就乐于借出玩具。

在孩子的成长过程中，家长一定要正确引导孩子学会与他人分享，让孩子在分享中感受到其中的快乐。培养孩子懂得与人分享的品质，有利于他们今后的人际交往。

良好的口才是培养男孩情商的首要条件

有些孩子嘴巴笨，怕别人嘲笑，不爱开口说话；有些孩子口中像含着东西似的，说话含糊不清，常常让人着急，真是丈二和尚那个摸不着头脑；有些孩子虽然性格开朗，特别喜欢说话，但往往说不清楚真正要表达的含义。孩子的语言表达能力差，是众多家长经常遭遇的问题之一。

当孩子各方面都表现的很好，就是口才方面差强人意，家长与其着急，不如找对方法，帮助孩子拥有好口才。

分分性格有点内向，表达能力不是很强。有一次上语文课时，被老师点名，用简短的话语将一个长篇故事叙述出来。结果分分说得吞吞吐吐，语句不连贯，还说错了话，惹得同学们哄堂大笑。不仅如此，平时分分跟妈妈或者奶奶说话时，总是讲不清楚，有时一着急，就有点口吃，虽然妈妈也曾用过一些办法，想让分分说话有条理性，可是一点效果也没有，这可让妈妈着急死了。

很多孩子在公共场合讲话或与人交流时，往往会感到心跳加快、紧张不安、不知如何组织自己即将要说的话，甚至无法清楚表达自己的意思。孩子这些表现，往往跟家长有很大的关系，家长应该反省一下自己：是否没有跟孩子心理亲近，进行良好的沟通；是否没有时间耐心倾听孩子的话语；是否对孩子不够尊重不够理解；是否对孩子要求太高，给孩子太大的压力。总之，男孩好口才需要家长用好的教育方式来培养。

路路口拙，不能准确地表述一件事，本来是一个非常幽默的故事，经他一讲，就会变成催人入睡的催眠曲。有时候，一着急还会口吃。路路非常羡慕有口才的同学，也非常希望自己能流利清晰地与人交谈。路路想锻炼自己的口才，由于没有掌握方法，没有任何效果。后来妈妈了解了孩子的想法，告诉孩子不要着急，慢慢来，先学会大胆大声朗读……路路每天都大声朗读，朗读一段时间后，路路就按照妈妈说的，背诵了几篇文章，先是对着镜子背诵，之后当着家人的面背诵。经过妈妈的指导和路路的努力，他现在跟同学说话越来越有自信了，不紧张，不口吃了。一年后，路路的口才练出来了。他实现了自己的愿望，能挥洒自如地站在讲台上说话了。

在生活中，有些孩子由于表达不清楚，带来了不少的麻烦或者遗憾。作为男孩的家长，都非常希望自己的孩子能说会道，不希望看到孩子经常因为讲话不当而造成麻烦。

那么，家长要如何培养男孩良好的口才呢？

第一，鼓励孩子大胆地大声说话。在锻炼孩子的胆量时，家长对孩子要采用循序渐进的方法。如孩子不敢向陌生人打招呼，家长可以让孩子在家先练习，当客人到来时，再让孩子向客人打招呼，记得提醒孩子大声一点，慢慢地说。

第二，让孩子多与他人交流。家长要多鼓励孩子与别人、特别是表达能力很强的人交流，长期受对方的感染，表达能力自然就会增强。

第三，多提供孩子叙述的机会。孩子看完电视、电影或小说时，要鼓励孩子重述一遍故事内容，锻炼孩子的记忆力和叙述能力。

第四，让孩子勤背诵并学会速读。家长要有意识地培养孩子快速朗读，训练孩子的语音准确、吐字清楚、口齿伶俐，培养孩子的口头表达能力。如找一篇演讲辞，把不懂的词查字典搞明白，开始朗读。一次比一次读得快，直到达到最快的速度即可。背诵，不要认为背会就行，不但要"背"，还要"诵"。

孩子经常词不达意，不会说话，如果没得到家长的重视和引导，孩子今后将很难适应当今的社会。家长是孩子的第一任老师，要有意识地培养孩子的口头表达能力，帮助孩子积累人生成功的资本。

帮助男孩树立理想，找到人生方向

生活中，有很多男孩只知道贪玩，对学习缺乏热情和激情，终日无所事事，混混沌沌地度过每一天。而一些家长认为孩子小，正是玩的年纪，让他多玩玩也无所谓，结果错过了培养孩子树立理想的最佳时间。

而另外一些家长则是另一个极端，认为孩子越早树立理想就越好，把自己未完成的理想强加给孩子，让孩子去实现。这样做，等于忽略孩子的兴趣爱好，容易使孩子产生逆反心理，失去进取之心。

小磊的学习成绩一直不理想，其他方面也没有特别优秀的地方，总给人一种缺乏朝气的感觉。有时候想起来就去做些题，看会书，对玩也不是非常感兴趣。他经常感到困惑，不清楚自己为什么要学习，学习的目的是为了什么，因此没有动力。他总认为自己长大以后肯定没有什么出息，在别人面前总流露出对自己的前途毫无信心。

前几天，语文老师留了一篇作文《我的理想是什么》，让同学们回家去写。结果小磊想了半天也写不出一个字来，因为他确实不清楚自己的理想是什么，也从未想过做什么……结果可想而知，他没有完成作业，被老师批评了。妈妈知道后，对孩子的这种状况也不知该如何改变。

男孩没有理想，就会在人生的道路上迷失方向。无论他们在生活中还是在学习上都会十分慵懒，没有动力，甚至会产生厌世的消极心理。

男孩没有理想，需要家长进行引导。一般来说，父母工作繁忙，孩子大多数是老人带或者保姆带，只知道给孩子创造良好的物质环境，或者给孩子报各种暑期培训班，但是并不能帮助孩子树立正确的人生目标和理想。

李胜今年已经9岁了，是个非常聪明的孩子，性格活泼开朗，学习成绩非常好。因为他的爸爸妈妈都是学音乐的，李胜从小就表现出了对音乐的爱好。爸爸妈妈对他的培养也非常重视，他最初的梦想就是希望站在学校的舞台上，唱歌给大家听，得到大家的掌声，也希望得到父母的肯定。后来，他的梦想实现了。父母经常会带他参加各种比赛，获得了不少的奖状。父母怕他骄傲，失去动力，经常会讲一些音乐家的故事，告诉他，人要有理想，并为之奋斗才能获得成功。父母还会带他听音乐家的音乐会，他深深地被美妙的音乐所吸引，他告诉妈妈："我想成为一个歌唱家。"妈妈很高兴，说："孩子，如果你想成为歌唱家，就必须努力。"李胜点点头说："我会的！"从此，李胜很努力地练习唱歌，一直朝着自己的理想而努力奋斗。

不管孩子的智商有多高，如果他没有理想，就不可能有很大的成就。现实生活中，有些孩子非常聪明，但心中没有清晰的人生目标，很容易自我满足，长大后大多成为了平庸的人，一生碌碌无为。

那么，家长如何培养孩子树立理想，找到人生目标呢？

第一，寻找孩子的兴趣，在兴趣中立志。家长不可将自己未完成的理想强加于孩子，而是要尊重孩子的理想，正确引导孩子在兴趣中树立自己的理想。

第二，让孩子正确认识理想，意识到理想的重要性。理想是一种思想意识，孩子只有确立了远大的人生目标，才能走好自己的人生。家长要告诉孩子，理想是可以通过努力实现的，要想实现理想，就必须经受住考验，始终认准目标，努力向前，最后驶向成功的彼岸。

第三，让孩子不断完善自己的理想。孩子在每个年龄段都会有自己的理想，随着孩子年龄的不断增长，知识越来越丰富，就会对自己的理想越来越清晰。家长要明白，只有让孩子在不断追求中完善自己的理想，最终才能实现理想。如案例中李胜的父母，培养孩子树立理想的过程中，不断鼓励并加以引导。

第四，让孩子多看一些励志方面的书籍或者伟人故事。当孩子在人生道路上，迷失了方向，就应该选择书籍作为他们的良师益友，可以帮助他们找到自己的理想，激励他们克服困难，勇往直前。

所以，家长要帮助并引导孩子树立正确的理想，才能让孩子少走弯路，在人生道路上走得更远。

从小培养男孩的团队合作能力

现在大多数孩子都是独生子，有很强烈的"自我"意识，这是一种正常现象。但是，如果这种"自我"意识不加以控制，很可能会形成固执、自私等不良性格，从而成为男孩成长路上的绊脚石，甚至会影响其一生的发展。

另外，如今一些影视剧、幼儿画刊等，很多都在渲染个人英雄主义，使孩子越来越缺少与人合作的精神。要知道，在未来社会，团队合作是一个人必须具备的素质。只有具备团结一致、互帮互助的团队合作精神，为了共同的目标坚持奋斗到底，才能迎来人生的成功。

　　小成是小学二年级的学生，他个子比一般的孩子高，而且非常聪明伶俐。小成的动手能力和语言表达能力等方面都很优秀，所以在同班同学中威望很高。

　　有一次，班主任在课间组织同学们比赛堆积木，全班学生分成两组，按照图样来搭建城堡。小成率领一组，一个女孩率领另一组。可是刚搭到一半，小成就和同组的同学吵了起来。

　　"告诉你拿黄色的那块儿，你偏拿红色的，故意捣乱！"小成呵斥组员，"你看看，又搭错了吧！?"

　　那个被训斥的小孩吓得不敢说话，求助似的看着别的同学。其他孩子也都停下来，围着他们，一脸无助。

　　"看什么看！快点吧！另一组都快搭完了。"小成生气地说。

　　虽然小成一直在催促组员，但他们都怕再出错被小成训斥，动作反而更慢了。小成特别着急，跑前跑后，抢着去做别人还没完成的工作。因为他四处跑动，严重干扰了其他同学的动作。结果，另一组在规定时间内搭成了城堡，小成这组则输了。

　　小成气得一下子把积木推倒了，指着拿错积木的小朋友大吼："都怪你！我们输了！"

　　这时，那个小朋友大哭起来。班主任让同学们都聚过来，告诉他们，游戏需要大家一起来完成，一个人再有力量，也不可能比10个人的力量大。接着，班主任给大家讲了《一根筷子和十根筷子》的故事，让他们说出故事的道理。

　　小成听完，抢先举手说："团结才有力量。"

　　班主任笑着说："小成说得很对，大家给他鼓掌。"

　　在同学们的掌声里，小成红着脸低下了头。

　　培养男孩的团队合作能力，对他们的未来十分重要，家长应该注意掌握灵活的方法，从而让他们成为人群中备受瞩目的卓越男孩。

方法一：营造良好的家庭氛围。

宽松、民主、平等的家庭氛围，是让孩子得以放松和培养他们团队合作能力的首要条件。在轻松的家庭氛围中，孩子一定乐于合作。所以，父母需要尊重孩子的意愿和人格，全方位地接纳孩子，经常用鼓励、赞美的语言对孩子说话。一般情况下，如果父母用平等的态度理解和尊重孩子，语气温和，孩子就会愿意和家长合作。如果孩子做错了某件事，家长可以借故暗示孩子的缺点，而不是当面数落，给孩子一个自我反省的机会。家长有了错误，也要向孩子认错道歉，请求原谅，这样做既能让孩子信服，也会给孩子提供积极的行为榜样。

方法二：为孩子树立合作的榜样。

家庭是孩子学习生活的第二课堂，父母是孩子的第一任老师，日常生活中的言行举止都会潜移默化地影响到孩子，使其依照父母的做法和小伙伴们交往。因此在家里，爸爸妈妈、爷爷奶奶之间都应该做到分工合作、相互配合。比如，妈妈烧饭做菜，爸爸在一旁帮忙洗菜；家里搞卫生，妈妈拖地，爸爸整理柜子；奶奶买衣服，妈妈帮着出主意。这些行为都会给孩子带来积极的影响。另外，父母与邻里、同事、亲属之间的合作也是孩子观察学习的榜样。

方法三：家长要给孩子创造合作的机会。

在实践中学会合作，对孩子来说非常有意义，父母应该多为孩子提供与同伴合作学习或游戏的机会，以及为孩子创造与外界接触的机会。休息时，可以多带孩子去公园、小区的绿地等人多热闹的公共场合，或去亲戚朋友家玩，鼓励孩子多和他人交往，邀请孩子带着同伴来家里玩。

方法四：教给孩子与人合作的技能。

孩子年龄小，缺乏社会交往经验，往往不知道应该如何合作，这就需要家长予以指导。在日常生活中，家长可通过画册、影视作品、图书等途径，或孩子发生矛盾时通过具体事件，生动形象地讲明什么是分享合作，也可以给出一些参考意见，引导孩子归纳总结出解决矛盾的正确方法。

家长只要从以上几点入手，就能培养出一个善于合作的优秀男孩，这也是帮助他们未来走向成功的重要方面。

提高男孩自我管理的能力

自我管理能力对于男孩来说是很重要的一项能力。家长应该从小培养男孩自己的事情自己做，自己的东西自己管，自己的生活自己来安排的习惯，这样才能增强男孩行动的独立性、计划性和目的性，这将对提高他们的生活能力有很大的帮助。

小凯明年就要上高中了，可是无论在家里还是在学校，他都是个很让妈妈操心的男孩。男生的性格本来就大大咧咧的，小凯尤其严重，从小到大，他都没有洗过一次衣服，学习计划、作业检查、收拾书包这些事一般都是妈妈代劳。眼看小凯读高中就要住校了，妈妈认为应该必须教小凯学会自我管理，这样才能适应高中生活。

所以，妈妈开始刻意将生活中的小事交给小凯自己完成，让孩子自己洗衣服、叠衣服；在学习上，妈妈也不再插手，就是为了让孩子养成自我管理的好习惯。最初，小凯还是没办法进行自我管理，但是，在妈妈给他讲清了自我管理对未来的重要性之后，小凯终于意识到，今后必须要自己面对生活、管理生活。在妈妈的帮助下，去高中住宿之前，小凯慢慢学会了自我管理的能力，妈妈感到很欣慰。

大多数的成功人士都具有相同的特点：做事很有自制力，很少受到外界因素的干扰；遇到困难、挫折时，忍耐力较强；做事比较有计划，并能从完成计划中获得成就感；能了解、控制自己的情绪等。成功学家把这些特点归纳为"自我管理能力"较强。可见，提高男孩的自我管理能力对他们未来的人生是非常有利的。

那么，怎样才能培养孩子的自我管理能力呢？

第一，提高孩子生活方面的自我管理。

让孩子做一些自我服务性的劳动，或参加一些力所能及的家务劳动。比如让他们自己用汤匙和筷子吃饭，自己冲洗水果，自己学穿衣服、系鞋带、叠被子、洗碗，自己整理房间和衣物。家务劳动方面，可以让孩子帮助家长择菜、洗菜，餐后收拾桌子、扫地等。对年龄稍大一点的孩子，家长可以让他们尝试做饭、用洗衣机洗衣服等较复杂的家务劳动。

第二，提高孩子学习方面的自我管理。

有的孩子在学习的时候喜欢乱扔学习用具，等学习结束，也不加以整理，而是把"烂摊子"丢给父母，有时甚至连作业也要父母代劳。毫无疑问，这对孩子是有害无益的。家长应该让孩子真正养成勤奋好学、独立思考、不惧困难、敢于进取的拼搏精神，无论是整理学习用品，还是写作业，家长都不能包办代替，一定要让孩子自己去完成。如果在学习过程中，孩子有不会的问题，家长可以适当地给出一些启发、建议，引导孩子自己做。写完作业，也要让孩子自己整理好学习用品，准备好明天要带的课本，收拾书包等。

第三，提高孩子思想方面的自我管理。

思想方面的自我管理，是培养和提高孩子自我管理能力的重要保证，家长决不能忽略。在思想方面，家长可以经常教育孩子努力学习，争当三好学生；有一颗宽容之心，谦虚谨慎；爱护公共财物，遵守公共秩序；不说脏话，彬彬有礼；分清什么是对的，什么是错的，什么该做，什么不该做；不怕挫折，迎难而上等。

第四，让孩子在玩耍中学会自我管理。

每个男孩都有爱玩的天性，但是"玩"出名堂却很难。有的孩子虽然聪明，但整天贪玩，对学习毫无兴趣，家长为此很是烦恼。其实，只要掌握好方法，让孩子在玩中学到知识并不难。

1. 与孩子一起边玩边学。家长应该多给孩子讲讲古今中外名人的成长故事，让孩子明白，学习是一个人必须要做的事，只有勤奋学习，才能实现人生理想。

2. 帮孩子制定玩的计划。在本子上写下什么时候玩、什么时候学习的计划，并参与监控，让孩子做到学与玩相结合。

3. 把玩耍作为对孩子用心学习的奖励。当孩子能做到自我约束、减少玩耍的时间时，家长要对他的这种进步及时给一些鼓励和表扬，不断进行正面强化，巩固孩子的自我管理能力。

总之，对孩子的习惯培养就像一粒种子，不能等到收获的季节才想到播种，而应该早早地有意识、有计划地培土和播种，并给予最好的灌溉及呵护，才能让种子及早生根发芽，茁壮成长。

在学校被欺负，教给男孩应对的好方法

男孩在家，被爷爷奶奶宠，被爸爸妈妈爱，可是一旦脱离父母去上学，跟同学发生摩擦也是常有的事。

不少家长在孩子受欺负时，一般会采取两种态度：一是不问青红皂白，直接插手去警告对方或实施惩罚。这么做，其实只会使事态扩大，不利于事情的解决。而且，由于父母出面保护，孩子就会习惯于

依赖父母解决问题。二是责骂自己的孩子没用，鼓励以牙还牙。父母对孩子说："你怎么这么笨！你为什么不还手?!"如此一来，有的孩子可能会渐渐变成施暴者，而如果孩子胆小不敢反击，可能也因此变得更加自卑。

在校园里，吃点亏在所难免，所以很多家长都担心孩子受到欺负，也很头疼不知道是该教他一味忍让，还是应该以牙还牙。

薛女士就有这个烦恼：

她的儿子亮亮从小性格就比较内向，上幼儿园时，小朋友之间免不了打打闹闹，而亮亮总是受委屈的那方。薛女士起初没有太在意，因为觉得孩子的世界比较单纯，让他自己去处理问题比较好，这也是成长必须经历的过程。

等亮亮长大些了，薛女士本以为不用再操心儿子如何与同学相处了，可是有一天她顺路去学校接亮亮放学，刚到教室门口，竟然看见亮亮班上一个强壮的男生正用力拍打亮亮的头，还抢走了亮亮的书本扔向远处，而亮亮只是在一旁低着头，小脸憋得通红却没还手。

薛女士赶紧大喝一声，制止了那个男生，看到儿子一副受气包的模样又心疼又生气。其实在开学不久，薛女士就看到过亮亮膝盖上有一片淤青，问他怎么弄的，他说是上体育课时被两个男同学推倒磕的。

亮亮是个温和友善的孩子，和其他孩子相比，他长得比较瘦弱，也比较胆小。每次被同学欺负，他都没有告诉父母。薛女士很想自己去找那些欺负儿子的同学交涉，但又觉得不太妥当；跟老师说，又担心老师觉得这是鸡毛蒜皮的小事，还怕那些同学变本加厉地报复。每次一想到亮亮在学校被欺负，薛女士就提心吊胆。

自信大胆的人不容易受欺负，而一些像亮亮这样性格内向的孩子，往往是被欺负的对象。当孩子遭遇校园暴力时，家长应该帮助孩子找出被欺负的原因，是因为平时害羞不愿意跟同学玩，还是也欺负同学？在了解具体情况后，再采取可行性的措施。

如果只是孩子之间普通的打闹，家长无须大惊小怪，他们自有解决的办法，这不失为一个成长的契机。但是，如果超出了普通打闹的范围，家长就一定要告诉孩子保护自己的方法。

其中最重要的一点就是：不要在对方面前示弱。

被欺负时，告诉孩子严厉大声地喝止对方，不要害怕，学会说"不行"、"不要打人"、"你的行为很不好"等对抗的言语，让对方知道你的愤怒。

另外，记住别在欺负他的人面前哭，哭泣只会招来对方的嘲弄。家长要教孩子表现出自信，比如，盯着对方的眼睛说："住手！我不喜欢你这么做！"然后，昂首挺胸地离开。

事实上，欺凌弱小者表面上看起来强大，内心也是害怕的，怕事情败露，受到批评。所以，只要孩子没做错，就应该理直气壮，而不是忍气吞声。你越是害怕，对方越觉得你好欺负。

为了避免更严重的欺负，不妨和对方说"我家长马上就来接我放学了。"或是"我哥每天都和我一起回家"之类的话。如果不起作用，就警告对方要报告老师，不要在对方面前示弱，第一时间警告对方不要再动手。

一旦遭受的暴力升级，就要让孩子立刻告诉老师和家长，把事情交给大人处理解决，以防事态恶化。

作为家长来说，在孩子受到欺负以后，不能再对其打骂，而是要给予更多的关心，做孩子的坚强后盾，增强孩子的自信心，提高孩子分辨和处理问题的能力。

高情商男孩懂得与人交往

很多父母都喜欢在脑海中勾勒自己的男孩长大以后的成功形象，比如成为职场的管理者、商场中的谈判高手、叱咤风云的企业家等，而所有的成功，都与一个人很强的人际交往能力有关。

但是在现实生活中，多数男孩的表现却让人担心，他们往往比较自私，攻击性强，不合群，或是有女性化倾向等等。因此，他们不太愿意与人交往，不敢和陌生人说话，无法与别人相处。这将严重阻碍男孩未来的发展，更别提和那些成功形象挂钩了。

人际关系学大师卡耐基曾说："一个成功者，专业知识所起的作用是 15%，而交际能力却占 85%。"这充分说明了人际关系的重要。

十岁的雨泽是全家人的掌上明珠，爸爸妈妈爱，爷爷奶奶疼，外公外婆宠，从小吃的、穿的都是同龄孩子中最好的。但是，因为父母工作忙碌，平时陪伴雨泽的时间很少，所以大多数时候都是他一个人看书、玩耍。

慢慢的，妈妈发现雨泽在学校似乎不太懂得跟同学交往，放学去接雨泽回家的时候，别的孩子都是有说有笑地跟同学告别，只有雨泽沉默寡言，很是闷闷不乐。一天吃过晚饭，妈妈问雨泽："你在班上有好朋友吗？"雨泽摇了摇头，表情很落寞。妈妈又问："没有同学和你一起玩吗？"这一问，雨泽更是不说话了。于是第二天，妈妈去了学校了解情况，问了老师和同学才知道，雨泽几乎不和同学在一起玩，而同学看他穿衣、用的东西都很好，学习成绩也不错，以为他是个骄傲的孩子，瞧不起人，所以就更不和他当朋友了。妈妈深知，在雨泽这个年龄，最害怕的就是不知道自己哪里做错了而交不到朋友。她也很想帮助儿子尽快融入同学的圈子，但又有些束手无策。

交往能力强，对孩子来说有利无害。善于与人交往的孩子情商较高，在学校如鱼得水，既能和同龄人相处得好，也能和老师等成年人从容往来。孩子在人群中的人缘如何，对他今后的学习和人生将有很大影响。所以，父母要重视培养孩子与人交往的能力。

方法一：教男孩学会向别人"推销"自己。

每一位家长都应该让孩子拥有自我推销的意识。敢于推销自我的孩子是自信的、阳光的，能认识到自己的优点和别人的需要。孩子学会推销自己，就等于被赋予了自信、乐观、阳光的性格，这样的孩子无论到哪里都会受欢迎。

方法二：让男孩学会对别人说"让我们成为朋友吧！"

别小看"让我们成为朋友吧"这句话的力量，如果你的男孩会说这句话，就等于掌握了人际交往的主动权。家长可以告诉孩子，请别人分享他感兴趣的内容，这是一种表示友好的方式。比如，告诉男孩，要想得到更多人的好感，跟他们谈话的时候，就要少说自己，多问问对方的情况，并找一些对方感兴趣的话题来谈，互相分享一下彼此的兴趣、难忘的经历等。

方法三：让男孩多多参加集体活动。

融入集体生活，孩子才能加强与同学的交流，增强同学对自己的好感和信任。同时，父母应该教育孩子多做事、少指挥别人，多给对方一些尊重。当别人遇到困难时，要主动施以援手，这样才能赢得更多的朋友。另外，鼓励男孩多参加各种体育活动也很有意义。体育不但需要智慧、力量，也需要足够的胆量。而这胆量，正是人际交往中必要的因素。

方法四：鼓励男孩带同学回家。

当男孩带同学回家时，家长应该热情招待，这样会让来玩的同学增加对孩子的好感，从而愿意与之保持良好的朋友关系。但是要注意，家长不要规定孩子必须交什么类型的朋友，应该允许孩子结交一些年龄不同、性格不同、爱好不同的朋友。不同的爱好和特长，往往会对孩子某方面的才能有所帮助。

让男孩独自去同学或邻居家做客，也是一个锻炼孩子交际能力的好机会。当家里来客人时，也可以让孩子出面接待，家长尽量不要包办代替。

成就孩子一生的能力和习惯，都是在他们很小的时候就培养建立起来的。小时候就懂得主动与别人打招呼的男孩，长大后往往懂得如何与陌生人做朋友；小时候就掌握交往技巧的男孩，长大后往往能吸引更多的朋友……家长应该用心培养男孩的交际能力，让他们广交朋友。

学会尊重他人的男孩最受欢迎

很多家长都希望给孩子传递这样的价值观：无论他今后成为什么样的人，都应该对人宽容、尊重他人、慷慨大方、善于沟通，有责任感，努力追求成功。

法国儿童教育心理学家简梅也说："生活在变化，但是人生的基本道理并没有改变。"如今，"尊重别人"经常被父母们列为首要的品质。男孩开朗、自信、强势的性格对他们长大之后的自立自强有很大的好处，但是让孩子学会尊重别人，才是今后获得人脉、能在社会真正立足的关键。只有懂得尊重别人，才会谦虚地接受别人的建议，赢得别人的好感。

东东是个不懂得尊重人的男孩，无论是看见长辈还是同龄人，他都喜欢讥讽、嘲笑别人。比如他看见别人衣服脏了，就会故意做出夸张的样子，说人家身上又脏又臭，别人很气愤也很无奈。

爸爸为了让东东学会尊重别人，就给他讲了一个故事："一家公司里有个业务员，主要工作是为公司拉客户。他的其中一个客户经营着药品杂货店，每次他到这家店里谈生意，总是先跟柜台的营业员寒暄几句，然后才去见店主。有一天，店主突然告诉他今后不用来了，因为他们公司的产品并没有给自己的药品杂货店带来很大收益，以后不想再买了。这个业务员只好离开了。他开着车在街上转了很久，最后决定再回去试一试说服店主。回到店里时，他像往常一样跟柜台的营业员打了招呼，然后去见店主。没想到，店主见到他很高兴，还没等他开口，就主动提出比平常多订一倍的产品。业务员十分惊讶，店主指着外头的营业员说：'你离开以后，他来告诉我，你是到店里来唯一一个跟他打招呼的推销员，他说，如果有什么人是我值得同他做生意的，那就应该是你。'从此，这家店主成了业务员最大的客户。在一次公司的奖励大会上，已经成为王牌推销员的他说：'关心、尊重每一个人是我们必须具备的品质，它往往会带来意想不到的收获。'"

爸爸接着说："只有尊重别人，在社会上才能处理好人际关系，并且拥有很多的朋友，最后获得成功。如果你不尊重别人，别人也不会尊重你，你将失去朋友，甚至工作和家庭。你明白了吗？"

听了爸爸的话，东东陷入了思考。

尊重他人是一种美德，也是一种高尚的情操。从某种程度来说，尊重他人就是尊重自己，只有尊重他人，才能换来别人对你的尊重。因此，教育孩子尊重他人，显得尤为重要，具体可以参考如下方法。

方法一：家长应引导孩子在态度上尊重别人。

告诉孩子，当老师讲课，别的同学发言或是别人跟自己谈话时，一定要注意倾听，不能随便做小动作，心不在焉是对别人的不尊重。

方法二：教育孩子从生活细节上尊重别人。

外表、衣着是否整洁，也是对别人尊重与否的一个方面。如果孩子蓬头垢面，不仅有损自己的形象，也是对老师、同学的不尊重。站着和别人谈话时，不要歪着身子或连连跺脚；与长辈交谈时，不要跷二郎腿。这种生活中的规矩，都需要从小就对孩子进行训练。

方法三：让孩子做到守时。

当孩子和别人约定好某个时间做什么事，一定要让他准时赴约。在学校的话，当老师安排集体活动，也要准时积极地参加。

方法四：家长要尊重孩子的权利。

父母平时可以多给孩子一些在读书、课余时间安排上的建议，但是不能把自己的喜好强加于孩子身上。同时，也要让孩子尊重别人的权利，比如在学校不能影响其他同学的学习。

方法五：让孩子尊重他人的劳动成果。

孩子学会尊重的其中一方面就是要尊重普通劳动者，男孩经常倒掉剩饭、乱洒水、乱扔垃圾等行为都很不好，因此家长应该让孩子适当地参与劳动，体会一下劳动的艰辛。

若想让男孩学会尊重别人，家长就需要明确地给他立一些规矩，这是非常重要的。另外，孩子也会通过观察父母的行为来学习如何待人处事，所以家长也要注意尊重别人。

拒绝孩子不合理的要求，让他变得更懂事

每个家长都很爱自己的孩子，希望他们健康快乐地成长，但是有很多父母都不知道如何把握爱的分寸，尤其是当孩子提出一个又一个的要求时，往往感到不知所措。满足孩子的要求，担心把孩子宠坏，以后他会得寸进尺；不满足要求，又怕委屈了孩子，孩子一旦被拒绝，总是又哭又闹，家长既不舍得又很无奈，不知道怎样做才是合理的，才会对孩子的成长有利。

一天，爸妈接皓然放学后，顺道去了一下银行。爸爸去办事，妈妈和皓然就在车外等着。爸爸办完事情，准备一起回奶奶家，但皓然死活不肯上车了，偏要买对面商场橱窗里摆的遥控飞机。妈妈起初不肯给他买，皓然就又哭又闹，一定要买。妈妈说："你的玩具已经有很多了，也有类似的小飞机，就别吵着买了。"皓然根本听不进去，一个劲儿地拉着妈妈的衣服往商场那边走。两个人僵持了十来分钟，爸爸一气之下，硬把皓然抱上了车。皓然一边挣扎一边哭，到了奶奶家也是大哭，谁哄都没用。这时，天下起了大雨，皓然闹着要出去，爸爸不肯让他去，他就继续哭闹。妈妈实在没办法，就答应带他出去走一走，这才止住了他的哭声。

就像皓然一样，很多男孩都会因为家长一时没有满足自己的要求而闹个不停，此时，家长就必须做出判断，看看哪些要求是合理的，哪些要求是不合理的。拒绝孩子不合理的要求，对他们的成长十分重要。

一、有利于孩子形成正确的价值观。

孩子若想健康成长，就必须具备正确的价值观和行为规范。当孩子做出影响他人或违背价值观的事情时，家长一定要予以拒绝，帮助孩子形成正确的价值观。

二、有利于提高孩子的分析判断能力。

孩子年龄小，往往无法分辨是非和判断行为的合理性，所以家长需要适当的拒绝和引导，从而使他们形成自己的判断力。

三、有利于帮助孩子学会自我控制。

合理的拒绝能让孩子分清什么是自己的需要，什么是他人的需要，什么时候接纳他人，什么时候拒绝他人。不会把自己的情绪强加于别人，也不会因为附和他人而委曲求全，这样就能形成良好的自我控制力。

但是，家长一定要掌握正确的拒绝方法，否则只会适得其反。那么，具体应该怎么做呢？

第一，用尊重的态度拒绝。孩子都有逆反心理，如果偏要孩子按照你的要求去做，就算你认为要求很合理，他也不会轻易接受。所以，家长应该用尊重的态度，平等的对话，让孩子明白错在了哪里。

第二，说出拒绝的原因。当家长不得不对孩子的行为进行阻止时，就要心平气和地耐心引导，这对孩子的成长及个性的培养都至关重要。

第三，要有创意地拒绝。"不行"不一定要用嘴说出来，有时用一些肢体语言表达也可以起到不错的效果。家长应多提供一些正面的建议，用有说服力的表达来让孩子接受建议。比如在进商店之前，应该让孩子明白来这里的目的是为了给朋友买礼物，而不是为了给他买玩具，不要让他动买玩具的念头。

第四，拒绝时，不要破坏孩子的情绪。如果父母简单粗暴地拒绝孩子，他们可能会觉得很难接受，甚至觉得父母不爱自己，这将给他们的心灵带来不好的影响。家长要跟他讲道理，让他明白不给他买某种东西不代表不爱他。

第五，一旦拒绝，就要坚持下去。拒绝之后不能出尔反尔，即使发现有不妥，可以以后弥补，而不要当场反悔，尤其不要因为孩子撒娇哭泣就改变决定，这样做不但会给孩子造成父母言而无信的印象，也等于间接鼓励了他们的哭泣行为。

第六，父母不要给孩子太多夸张的形容，以免给他们造成心理负担。在经济有些拮据的时候，最好不要说："我们家很穷，没钱给你买。"不妨这样说："从这个月开始我们得节俭一点，因为有一项重要的支出。"当父母加薪时，可以说："以后我们可以有多一点的钱出去旅游和买书了，因为妈妈努力工作得到了认可和奖励。"

俗话说："玉不琢，不成器。"家长不要无原则地满足男孩的需求，其实，"适当不满足"也是一种爱，而且从某种意义上来说，这是一种更负责、更高层次的爱。

让男孩明白说脏话是很差的行为

你有没有遇到过这种情况：某天，你的男孩突然学会说脏话了。"去你的！"、"滚开！"、"王八蛋"等语言层出不穷，当他用带着稚气的声音说出这些时，你是不是感到十分震惊？有时候，家里来了客人，本来想逗一逗孩子，结果孩子张口骂人，弄得大家都十分难堪。其实，孩子年幼，还没有形成明确的是非观念，他们并不知道脏话的真正含义。或许在他们看来，骂人、说脏话只是好玩而已，或者是由于受到周围环境的影响，加上孩子本身具有模仿的天性，所以这种现象并不少见。

张女士的儿子小凯上小学了，小时候是个聪明活泼又懂事的孩子，但是随着他一天天长大，性格却有了很大变化。他在和别人说话时，常常会冒出一两句脏话，比如"你笨死了!"、"赶快滚"等。上个周末，张女士带他去参加朋友聚会，他拿着一个变形金刚的玩具玩。张女士的朋友见他玩的开心，就说："小凯，你的变形金刚怎么玩? 教教我好不好?"小凯很高兴地答应了，然后教朋友一起玩。教了几遍之后，张女士的朋友故意装作还是不懂的样子逗他，结果小凯不耐烦了，一把抢过变形金刚，大声说："你怎么笨得像猪一样，滚开!"听了这话，张女士当时非常尴尬，朋友脸上的笑容也瞬间僵住了，然后窘迫地笑了几声，走开了。

回到家，张女士严厉地教训了儿子，他也哭着承认了错误，并保证不再说脏话。可是没过几天，小凯又开始脏话连篇了。张女士越想越着急，家里没人说过脏话，小凯到底是从哪里学来的呢?

男孩偶尔说几句粗话脏话，属于正常现象，但是如果家长长期纵容他们这样做，就会损害到他们身心的健康成长，因此有必要对这个问题引起重视。现在，就来了解一下孩子说脏话的原因。

根据幼儿的心理发展水平，说脏话的原因可分为三种：

模仿性脏话：年幼的孩子还没形成是非观念，听到别人说一句脏话，他觉得好玩，也会跟着骂人，这是孩子说脏话的普遍心理。

习惯性脏话：如果孩子模仿别人说脏话而得到了成人的默许或赞赏，那么说脏话将成为孩子的习惯。

有意识的脏话：3岁以上的孩子说脏话，除了好奇心、相互模仿以外，还有一定的选择性。他们能够初步理解脏话的含义，并对特定对象说脏话，这是有意识的行为。另外，也有一些孩子是在与同伴发生矛盾或受欺负时被迫说脏话，以发泄内心的不满。

说脏话会引起人际关系的不和谐，招致别人的厌恶，也会对孩子的心理发育造成负面影响。所以，家长应该告诉男孩，说脏话是很差的行为，应该尽快改正。

第一，净化男孩身边的语言环境。

孩子爱说脏话，一般都来源于周围的环境，如果家长讲话不文明，满口脏字，就容易被孩子模仿。因此，家长应该提高自身的修养，为男孩做出好榜样。当家长发现男孩习惯性地说脏话时，要找出他说脏话的根源，让孩子远离不良环境。

第二，让男孩学会适当地表达内心感受。

父母要让孩子知道，一个人说话必须要文明，说脏话不是一种好的行为。明确表示自己的态度，从正面引导孩子改正。同时，父母要教育男孩正确对待与他人的矛盾，用文明的语言表达内心感受。

第三，让男孩以宽容之心对待别人的过失。

当一些孩子受了委屈或与伙伴产生矛盾时，就喜欢用骂人的方式来宣泄不满。这时，父母应该告诉孩子，以宽容平和的心态对待与别人的摩擦，让他们学会正确对待别人的过失。

第四，家长不要做强化孩子说脏话的事。

在孩子刚刚说脏话时，如果家长表现出觉得很有趣或过度紧张的样子，孩子也许会误以为脏话是很特别的话语，从而重复地练习。当孩子说脏话时，应该尽量保持平静，让他们觉得脏话与别的话没什么区别，一旦他们觉得这样的话语不能引起别人注意，就不会故意再去模仿了。

第五，当男孩明知故犯时，家长要及时惩戒。

如果男孩总是故意说一些脏话和粗话，并且家长多次解释和劝告都无济于事，那么父母应该立即采用一些措施来制止他们的这种行为，使孩子认识到说脏话会给自己带来不良后果，从而进行改正。

面对说脏话的男孩时，家长一定要及时纠正，帮助孩子创造一个健康文明的成长环境，让他们快乐成长。

男孩顶嘴，家长要看是否"合理"

随着男孩渐渐长大，家长在欣喜的同时，往往也伴随着烦恼，那就是他开始学着顶嘴了。越来越多的时候，父母让他去做某件事，他总是随口就说"不"，如果硬要他去做，他就特别不耐烦。

男孩爱顶嘴，往往被家长看作是不听话的表现。其实，这是男孩成长中必经的过程，是一种比较正常的表现，这说明他已经有了独立意识，对事物有了自己的见解。所以，家长应该分清孩子什么时候是真的顶嘴，什么时候是在表达自我个性。

一般来说，男孩顶嘴的原因主要有以下几种：一是没顾及孩子的感受，比如孩子正玩得开心，家长却让他立刻上床睡觉；二是亲子之间缺乏足够的沟通，孩子觉得父母在干涉自己，就会顶嘴发表自己的意见；三是家长溺爱的结果，被溺爱的孩子有恃无恐，经常顶嘴就不足为怪了；四是榜样的负面力量，如果父母与其他家庭成员经常吵架，也会被孩子记在心里并加以运用。

鹏鹏今年七岁，上小学二年级，他平常与家人说话的态度总是很不好，无论说什么话，后面都爱加一句"我就做……你管不着"，而且说话声音也很大，就像吵架一样，跟爷爷奶奶，爸爸妈妈都顶嘴。有时候，妈妈说他一句，他能找出十句来反驳。爷爷奶奶说他，他也总反驳。妈妈觉得小孩子爱顶嘴也很正常，每次都忍住不发火。但是让妈妈无法接受的是，有时明明只是一点小事，争来争去就变成了吵架。

比如有一天中午午睡，快到下午上课的时间了，妈妈就叫鹏鹏起床，鹏鹏赖着不想起，还发脾气。妈妈就把他拽起来，给他穿好衣服，让他自己收拾书包。鹏鹏嘀嘀咕咕地说妈妈是"神经病"，妈妈再也忍不住了，火气腾地一下子上来，随手就拍了他两巴掌，他就开始大哭。

男孩不合理的顶嘴，如果家长不及时纠正，以后就会成为常态，而且越用越熟。所以家长不能抱着"孩子长大自然就不顶嘴了"的心态，恐怕时间长了，只会让孩子对你的顶撞变本加厉。

那么，家长应该如何应对孩子顶嘴的问题呢？

第一，给孩子树立正面榜样，以身作则。

"孩子是父母的影子"，这句老话一点都没有说错，家长应尽量不要因为自己的坏情绪而影响到孩子，更不能把其他的怨气带给孩子。当孩子受了委屈、心灵受到伤害的时候，很容易因为激动而顶嘴，所以家长应该学会先控制好自己的情绪，为孩子树立正面榜样。

第二，明确告诉孩子，你不喜欢他这种说话方式。

在某种程度上，"顶嘴"是孩子心理成长的表象，说明孩子开始有了自己的主见和意愿，这是令人欣慰的事情。但是，孩子在这个阶段的自我意识是很不完整的，他们不懂得用什么样的方式表达自己的想法，而顶嘴只能算是一种简单的条件反射。家长虽然不喜欢孩子顶嘴，但是要注意一下说话的技巧，不要急于给孩子定性为"顶嘴"，而应该用缓和的话语告诉他："我理解你的感受，但是我不喜欢你这种说话方式，能换一种语气吗？"另外，父母还可以在孩子顶嘴时，运用"停止"的肢体语言，示意他不要再说下去了。

第三，家长要换个角度看问题，看看孩子顶嘴是否合理。

要想彻底改正孩子顶嘴的习惯，就得站在孩子的角度了解一下他们顶嘴的原因。通常来说，男孩表达情绪的方式很单纯也很简单，或是想引起注意，或是委屈，或是渴望得到理解，等等，如果家长能站在他们的角度揣测一下他们的心理，可能就会感到顶嘴是情有可原的。"将心比心"是亲子关系最好的良药，让孩子成为你的朋友，就能有效纠正顶嘴这种行为。

第四，减少对男孩的溺爱行为。

几乎每个父母都知道溺爱的害处，如果真的因为溺爱而造成孩子顶嘴，那么只能从根源治起。只有对孩子不再溺爱，才能减少顶嘴的现象。但是要记住，全家人要站在同一阵营，如果孩子不讲道理地顶嘴胡闹，大家就都不理他，孤立他一会儿；当他变得讲道理时，则要给予他鼓励，强化他的正面转变。

父母一旦发现孩子有顶嘴的习惯，应该看一下原因是否"合理"，平时多与孩子谈心，了解孩子想什么，喜欢什么，就可以减少冲突的发生。

把小男子汉培养成同龄人里的"领头羊"

男孩要想在将来出类拔萃，成为优秀的人才，从小就要有"领头羊"的意识，也就是要具备智慧、胆识、独立、号召力和领导力。

领导能力无论对男孩的现在还是未来都具有积极的影响，有些孩子可能智力较高，学习成绩也很好，有些孩子可能学业并不是很出色，却有较强的领导力，那么通常情况下，后者会比前者更容易在走向社会后取得成功。

一个班级的班主任要求同学们自荐当班干部，郭瑞想当劳动委员，回家跟妈妈说了想法之后，妈妈责怪说："当劳动委员有什么意思，每天还要早到班级打扫卫生，太辛苦了。"郭瑞问："那我当体育委员行吗？"妈妈又说："上体育课要负责拿运动器械，万一磕着累着怎么办？你主要的任务就是好好学习，有个好身体，当班干部累人又浪费时间，还是躲远一点好。"听了妈妈的话，郭瑞默默退出了班干部竞选，由于不关心集体，他总是形单影只，没有任何号召力。

而强强正好相反，无论是在学校，还是在兴趣班，妈妈都主动让他当干部，锻炼他的领导才能。由于从小就积累了和人打交道的经验，他的管理能力很优秀，刚上初中，就成了学校外联部的干部，还担任广播站的站长，也去过电视台为学校制作专辑。

相信每个家长都希望自己的男孩能像强强一样具备突出的领导能力，那么就需要给孩子机会，让他在擅长的领域里充当组织者，这将有助于帮助他们树立自信心，增加人际交往的经验，这些都是领导者必备的基本素质。

那么，家长应该怎样教育孩子，才能使他们成为同龄人里的"领头羊"呢？

第一，增加男孩与其他人面对面的沟通机会。

如今是信息飞速发展的社会，孩子们在室外活动的时间越来越少，与人面对面沟通的时间和机会也就越来越少。所以，父母不能单纯地让孩子和同伴进行网络沟通，而应该重视让他们面对面沟通，便于了解对方，增加彼此的信任。

第二，有意识地让男孩经受一些挫折和失败。

在成长的过程中，必定充满诸多的考验，其中可能有喜有忧，也会掺杂着一些挫折和失败。当孩子做事失败时，父母不要因为心疼就去主动帮忙，或让孩子避开挫折。只有让他们经历一些的挫折和失败的历练，他们才会比别人更有耐力，也比别人更能经得住考验。这是作为领导者所必须具备的条件。因此，父母千万不要因为自己的主观情绪，而阻碍孩子的进步。

第三，培养男孩的包容力，让他能够客观地面对别人的批评。

在受到批评时，很多人都会非常不开心，而如果自己被不明真相的人给冤枉了，恐怕更会失去耐心，火冒三丈。但是若想成为领导者，就必须有包容力，能以坦然的心态去面对别人的批评。父母有必要让孩子明白：被人批评并非都是坏事；即使一个人做得再好，也不可能让所有人都满意这类简单的道理。

第四，告诉男孩将心比心地考虑问题。

一个优秀的领导者，必定会站在别人的立场上思考问题，也就是将心比心。父母应该让孩子养成与对方互换立场想问题的习惯，让他们多与和自己处境不同、立场不同的伙伴交流。

第五，推荐男孩多参加一些需要团体配合的活动。

虽然有些事情单独处理会更有效率，但要想让男孩拥有"领头羊"的品质，就必须让他参与到团体配合的活动中去，在活动里积极动脑，培养孩子在团体中的影响力和号召力。

第六，家长要培养男孩独立思考的能力。

每一个"领头羊"都有超强的思考力，在任何困境中，他们都能马上开动脑筋思索对策。生活中，如果男孩具备独立思考的能力，在困境面前给大家一个好的建议，久而久之，大家都会听从他的意见，他就会成为"领头羊"。锻炼男孩独立的思考能力，需要在众多独自解决难题的过程中进行，家长要给男孩这样的机会，充分培养他的思考能力。

每个男孩都有成为"领头羊"的潜能，缺乏的只是家长对其有意识的培养。家长要及时发现男孩的长处，培养他们强烈的责任感和自觉性。

第五章

品格培养，美好的德育让男孩更优秀

将你的男孩变成彬彬有礼的小绅士

中国素来是礼仪之邦，讲礼节是中华民族的优良传统。

现代的社会非常自由，礼仪似乎越来越不重要了。有的人甚至会认为只要有能力赚钱就可以了，小孩子更没有必要关注自己的社会礼仪。其实这都是非常错误的看法。礼仪在生活中有着非常重要的作用，每一个人都必须注重自身的礼仪习惯。

一提到没有教养的孩子，人们的脑海中都会浮现出一个爱惹事又不听话的孩子的形象。没有礼貌的人，不仅会影响自身的形象，而且还会"殃及"父母。人们对礼仪礼貌的重视程度越来越低，有些孩子在电视上看到知书达理、循规蹈矩的人物往往会嗤之以鼻，有些家长甚至也会迎合孩子的口味，这对孩子的成长一点好处都没有。

孩子的个人礼仪需要从小培养，否则就难以形成习惯，孩子的行为习惯一旦形成，想改那就困难了。更严重的是不注意社交礼仪的人将来很难在社会上有广阔的发展空间。这是因为，没有礼貌的人难以赢得大家的好感和欢迎，这对他的发展也就非常不利了。

日常生活中的礼仪是最基本的内容，而且也是最容易被大家忽略的一部分。事情虽然小，但却是最重要的礼仪习惯。充分抓住生活中教育孩子的机会，父母会有很多收获。

八岁的青青在家中和妈妈一起接待客人，但是没有运用礼貌用语，识大体的妈妈当时并没有当着外人的面指责孩子，因为这种不合时宜的指责和批评不仅会伤害到孩子的自尊心，而且也起不到教育效果，严重时还会造成孩子的逆反心理，客人在面子上也不好看。客人走后，妈妈把青青叫到身边，温和地说："宝贝，你今天的表现很好，妈妈挺满意的，但是有一点你一定要注意。无论是对谁，你一定要使用礼貌用语，否则就是对人家的不尊重。当别人送你礼物的时候，你是不是应该说一些感谢或者是喜欢的话？"青青这才意识到自己今天犯错误了，然后道歉说："对不起，妈妈，我以后肯定会注意的。"

就这样，妈妈通过事后教育孩子的方式让孩子明白了自己的错误，这是非常值得提倡的。

在处理同样的问题上，还有一位妈妈采用了另外一种方法，效果也是很好的。妈妈发现孩子在接受别人的礼物时没有任何表示，于是就跟孩子说："孩子，你好像忘记说什么了？"孩子想了一下，不过还是没有意识到自己的错误，妈妈就对客人说："我代表孩子谢谢你，他很喜欢这个礼物！"这时候孩子才知道自己犯了错误，于是就不好意思地说："谢谢叔叔，我会珍惜的！"

从故事中可以看出生活中对孩子进行潜移默化的礼仪教育，虽然非常简单，但家长讲求教育方法也是很重要的。

建议一：家长要做孩子学习礼仪的榜样

家长应该重视礼仪的作用，而且生活中处处需要讲礼仪，以礼带礼，突出表率的作用，和孩子一起学习礼仪，互相监督。

建议二：让孩子从最简单的礼仪做起。

孩子的礼仪习惯是逐渐养成的，比如要让孩子习惯说"谢谢"，从这些点滴开始做起，渐渐的，孩子就能够按照合乎礼仪的方式控制自己的所有行为。

建议三：要保护孩子的自尊。

孩子是独立的个体，他们有自己的自尊心和廉耻心。家长在教育中要注意方法得当，不能粗暴伤害孩子的自尊。

孩子会渐渐明白，彬彬有礼的气质是良好修养的体现；礼貌相待是拉近人与人距离的桥梁，只有这样的人才会受到别人欢迎和尊敬。让他们在一言一行中传承中华文明。

诚实是男孩一生都该遵守的品德

孩子说谎并不可怕，可怕的是面对孩子的谎言，父母听之任之，任其发展。想要控制孩子说谎，培养其做一个诚实的孩子，的确是件很不容易的事情。让孩子改掉坏习惯的第一步，就是父母应当先了解孩子说谎的原因。

有一个英俊的小男孩叫果果，他和强强是同学，也是好朋友。一天放学后，他俩与几个小朋友一起在院子里玩。忽然强强不小心把阿姨家的花盆踢翻了，王阿姨发现后问是谁做的，大家不敢说实话，都偷偷看着强强，阿姨走过来问强强："是你做的么？"强强胆怯地低头不说话。这时果果却站出来说："阿姨不是强强，是我把花盆踢翻的。"事后果果的爸爸还赔付给阿姨一个新花盆。此后，院子里的孩子们更喜欢果果了，强强还送给果果巧克力表示感谢。

又有一天，果果的同座晴晴拿出了一个有趣的蛋壳小鸡玩具，并告诉说这是外婆送给她的。果果很羡慕，于是他对小朋友们说："我外婆昨天从乡下来看我了，给我带来了一窝小鸡，我还拿米喂它们呢！"小朋友们围上来问道："果果那些小鸡一定很可爱吧？快给我们讲讲吧！"果果便绘声绘色地给他们讲起来，连老师都听得入了迷。放学时，老师通知小朋友们第二天去春游，让每个人带一些食品到郊外去野餐，果果为了吃到平时父母不让吃的巧克力，就跟妈妈说老师要求他们每人带大块巧克力去春游。

结果放学后，老师和果果的妈妈聊天时才知道，外婆并没有到家里来，也没有带过什么小鸡。妈妈也知道了老师并没有要求果果带巧克力。

从故事里我们可以看出，满足物质上的需求以及自己的虚荣心，是果果说谎的原因，而果果说谎行为的反复发生是在偶然尝试了说谎并获得意外成功的结果。因此在日常生活中，家长应该细心观察孩子的一举一动，经常与老师保持联系，以便及时发现孩子说谎的倾向，及时进行纠正。

孩子在说谎时，能得到心灵上的满足，使自己不能拥有的或未能实现的愿望，在说谎中得以补偿，有时孩子说谎也绝非恶意，如果果的第一次撒谎完全是为了帮强强解围。因此面对孩子的这种说谎心理与行为，父母务必要帮助孩子区分说谎与想象、说谎与帮助他人的不同之处，以防止孩子养成说话浮夸或以骗人取乐的坏习惯。

因此家长一定要认真对待孩子的说谎行为，多注意孩子的言行，一旦发现孩子说谎的现象，可以借鉴以下几个教育方法帮助孩子及时改正。

方法一：家长要循循善诱地教导孩子。

如果发现孩子说谎，父母先不要怒斥孩子，应该先冷静地分析孩子为什么要说谎，再采取相应的措施，在跟孩子聊天过程中，逐渐打消孩子的心理顾虑；在宽松的气氛中孩子会讲出真话。然后家长要耐心细致地对孩子加以引导，使其明白说谎的害处。

方法二：帮助孩子在表达方式上分清愿望与现实。

由于年龄的原因，孩子的思维很幼稚，他们往往会将愿望说成存在，将希望说成是正在发生的事，这就会在无形中说了谎话。因此家长应该教会孩子客观、真实地看待及表述自己的所见和所想，让孩子认识到美好的愿望要立足实际，努力学习，掌握本领，只有这样，愿望才有实现的可能。

方法三：让孩子懂得分辨正确和错误的行为。

培养孩子正确的是非观念是很重要的。首先，要让孩子懂得事情的正确与错误，对孩子正确的观念，要给予鼓励；不正确的观念，要制止或转移注意力。同时，家长要教育孩子敢于承认错误，做诚实的好孩子。

没有哪个孩子天生就说谎，孩子的心理发育尚未健全，感知事物的能力和成人相比有一定的差别。发现孩子的说谎行为，不仅要及时教育，还要了解孩子愿意做的事情和希望得到的东西，了解他的心理与能力，然后教他去做应该做的事情。在做事情的过程中，家长要帮助孩子发现问题，克服困难，一定要杜绝责罚、打骂和歧视的行为，告诉孩子，说谎得到的只是自欺欺人的短暂快乐，失去的却是多数人的信任，而且只有诚实的品质，才是高尚的、值得称道的美德。

培养负责任的小男子汉

正所谓：自古英雄出少年。父母应该从小就着重培养男孩具有敢于担当的男人气魄。关心、爱护孩子是父母的本能，可许多父母在关心、保护孩子的同时，却忽略了孩子是需要学会负责任的。孩子在极度溺爱的家庭环境中长大，从小受到过多呵护，而不善于动手、动脑，逐渐长大的他们不仅自我意识强，对周围的人和事也会表现出漠不关心的态度，缺乏基本责任感。

豆豆是一个听话的乖孩子。一天，豆豆的妈妈带他去市场买菜，忽然，豆豆听见一群蝈蝈的叫声，原来在市场的一个角落，有一位老爷爷正在卖蝈蝈。"妈妈，我要蝈蝈！"豆豆紧紧拽着妈妈的衣服，着急地说。

"在哪儿？"妈妈问。

"那边！"豆豆一边用手指，一边跑过去。

妈妈顺着豆豆手指的方向看去，一位老爷爷面前摆着几十个笼子，小蝈蝈在里面卖力地唱"交响曲"呢！豆豆挑了一只叫得最响的蝈蝈，对妈妈说："我想要一只。"妈妈犹豫了一下，心想，自己和豆豆的爸爸天天上班，要是忘记了喂食，小蝈蝈会饿死的。但妈妈又一想，不如让豆豆自己喂吧，这样可以锻炼一下他。于是对豆豆说："可以给你买蝈蝈，但以后喂养的任务就由你来完成好不好？"豆豆点头说："好，好！"

起初豆豆非常细心照顾蝈蝈，每天按时喂胡萝卜、黄瓜、辣椒等，喂完了还给蝈蝈笼子打扫卫生。几天后豆豆开始不耐烦了，光顾着自己跑出去玩，连续几天都没有给蝈蝈吃任何东西。后来当豆豆想起蝈蝈的时候，才意识到因为自己的疏忽，肯定把小蝈蝈饿死了。他去找的时候发现蝈蝈和笼子都没了，感到很伤心，就哭了起来。妈妈看到以后说："因为你不精心喂养，我把蝈蝈借给隔壁的小朋友乐乐喂养了。"接下来的一段时间，蝈蝈在乐乐那里都被照顾的很好，当豆豆去看蝈蝈的时候，对乐乐感激地说："以后我一定要向你学习，做一个负责任的人！"

孩子年龄小，好奇心强，但注意力容易分散，这些特点往往会妨碍他们善始善终地完成一件事情。这时候，如果家长只是一味地指责孩子或过分地呵护孩子，孩子就看不到潜在的能力和应有的责任及不足之处。要想培养孩子对自己言行负责的习惯，家长就要让他们正确评估自己的能力，并努力地去做好自己承诺的事情，同时还要教会孩子怎样才能做得更好。这样，才能帮助孩子养成积极、认真、严谨的学习和生活习惯。

富有责任心是孩子健全人格的基础，是能力发展的催化剂。培养孩子的责任感是一个循序渐进的过程，需要日积月累。家长在孩子的成长过程中，除了不过分呵护孩子以外，还要注意以下几点。

第一点：从身边的家务活开始培养孩子的责任意识。

孩子责任心的培养是在潜移默化中形成的。父母可以时常有意识地与孩子谈自己的工作，把自己完成一项任务、克服一个困难的愉快和成就感传达给孩子。这样能使孩子感受到责任在生活中的重要性，从而主动、积极地养成负责任的态度和习惯。家长可以要求孩子每天饭前摆放家用的餐具，饭后扫地、倒垃圾、打扫房间，培养孩子的责任心。

第二点：家长要积极鼓励孩子，对他们的付出予以肯定。

当孩子完成一次任务后，父母要及时给予公正的评价，并善于用语言艺术，将孩子的注意力吸引和转移过来，继续完成他应该完成的任务。如可以说，"你已经做得很不错了，但我相信你还能够把事情做得更好"等。此外，家长自身是孩子的一面镜子，父母是否有责任心也关系到孩子责任心的养成。

第三点：让孩子通过担任角色建立责任感。

孩子往往只关注自己感兴趣的事情，因此要让孩子学会对自己有兴趣的事情做好，对繁杂不感兴趣的事情同样也要做好。可以让孩子在故事中或游戏等活动中，担任"小哨兵"、"交通警察"等角色，并鼓励他像这些角色一样坚持把事情做完，同时让孩子意识到，不完成自己的任务或是失职会带来的不良后果。

要培养孩子的责任心不是一朝一夕的事情，应该从大处着眼、从小处入手。让孩子在家务劳动上感受责任的分量，走出以自我为中心的怪圈，强化对他人和周围环境的责任心。责任心的培养，还要通过孩子自身的实践来体验，让孩子承担自己失职的后果，家长若越俎代庖，只会适得其反。当然，父母在家中要为孩子树立好的榜样，家长只有自己做到"言必行，行必果"，才能树立自己的威信，也才有资格要求孩子负责任，并在言传身教中跟孩子一起进步。

男孩不懂感恩，家长要及时提醒

现在有些孩子由于被家长溺爱和娇纵，很容易养成利己的思维模式。他们往往忘记了，自己应该有孝敬长辈的意识和常怀感恩的心。人与人交往过程中需要互相体谅，相互存有感激之心，孩子也不能例外。感恩是近些年大家经常提到的问题，也就是说要学会对别人的帮助表示感谢，这是一种处事哲学，也是正常人的一种心态，要想使生活充满快乐，那就要学会感恩。

现在的孩子总认为自己的生活不幸福，总是在怨天怨地，辛苦的父母也成了他们抱怨对象。在他们的眼中，别人为他们做的所有事都是天经地义的，他们安稳地享受都是应该的。他们从来没有意识到自己是在白白享受别人的劳动成果，从来不会体谅身边给过自己帮助的人，很少对他们真诚地说一声"谢谢"，也不会主动去关心别人。一个不懂得感恩的人今后怎样和人交往？怎样融入到复杂的社会中？

懂得感恩的人能够拉近与其他人之间的距离，减少与别人的摩擦，获得更多的帮助，为自己的生活创造更和谐的环境。懂得感恩的人才能体味出生活的美好，从而使自己更加幸福。

孩子们一直生活在别人的恩赐中，他们虽然还小，但是也要学会感恩。感恩不仅是一种人人必备的社交礼仪，更是孩子们应该具备的一种健康的心态。

教孩子学会感恩，首先让孩子从感谢身边的人开始，父母、长辈都是首选对象，孩子的同学，身边的路人都是孩子的感恩对象。

教育孩子感恩，尤其要感谢身边的人，不仅是对他人的一种回报，更能使孩子的生存空间更大，更有利于他们的人际交往，使他们更加热爱生活和身边的人。

小海已经八岁了，但是上下学仍然由爷爷奶奶接送。有一天放学后，爷爷和小海一起乘公交车，而车上剩下一个空座位，小海毫不犹豫地奔上前去，悠然自得地坐在了上面，还把书包递给爷爷。爷爷也是很自然地站在孩子身边，时不时扶一下小海，生怕孩子从座位上掉下来。其实这位爷爷已经八十多岁了，每天的生活都是这样的。每次都是将最好的东西给孩子，无论自己怎么难受，爷爷都认为这是理所应当的。后来父母批评了小海，他深刻认识到自己不懂得体谅爷爷的错误。于是，每天写完作业，他就陪爷爷聊天，还帮爷爷打洗脚水，一家人都对小海的表现很满意。

现在的很多儿童都有过故事中小海的情况，当家长发现孩子出现这类不知感恩的情形后，应该怎样引导他们呢？不妨试试以下两种教育方法：

方法一：帮孩子学会转换观念。

应该鼓励孩子经常观察身边的事物，然后引发他们的感想，自然会心存感激。经过长时间锻炼，使孩子们那颗认为所有享受都"理所当然"的心转变为"满怀感恩"的心。教孩子去认真观察体会，他们会发现生活的馈赠，从而学会感恩。

方法二：让孩子同时具有感恩的思想和行为。

告诉孩子要把心态化为真诚的行动。孩子只怀有一颗感恩的心是不够的，最重要的是他们能运用到实际的生活中。对别人给予自己的一点儿小帮助、一份礼物，哪怕是一个善意的微笑都应以自己最真诚的感谢来回报，时刻谨记"谢谢"。让孩子从小做起，从小事做起，感谢身边所有给予过我们帮助的人。

教孩子学会感恩，可以培养出孩子健康的心态以及健全的人格，让他们懂得知恩图报。

在男孩心中种下同情心的种子

"人之初，性本善"，从某种程度上来说，孩子的同情心是与生俱来的。然而近年来，一些新闻却令人触目惊心。例如：好几个同学殴打一个女生，还有一些男生在一旁围观并拍照；几个男同学围殴弱小的男生，边打边笑；男孩把小猫摔在地上，狠狠踩上几脚……这些都是孩子缺乏同情心的表现，如果任由这种情况下去，将给孩子带来很严重的后果，对他们的成长极为不利。

因为性别差异，相对女孩来说，男孩的同情心似乎更欠缺一些，因此，家长有责任从小就要有意识培养心地善良的男孩，千万别在不经意间让他们变成"冷血动物"。在关心孩子智力发展的同时，更要关心他们的爱心和同情心的发展。

七岁的男孩小杰放学回家后对妈妈说："我们今天在外面上体育课的时候，发现一只小鸽子死了，孤零零地躺在地上，特别可怜。老师说它身上有伤，是被人打死的。小鸽子得有多疼啊！好多同学都哭了，后来老师和我们一起把它埋了。"

"那你哭了吗？"妈妈问道。

小杰不好意思地说："我是小男子汉，没有哭。"

"小男子汉也要有同情心，当然，我知道你心里是同情小鸽子的，并不一定要哭。"妈妈对他说。"你说小鸽子很可怜，就说明你是个有同情心的好孩子。"

听了妈妈的话，小杰若有所思地去外面玩了。

过了一会儿，小杰从外面回来，高兴地说："妈妈，我要去捉蝴蝶，花园旁边有很多漂亮的蝴蝶，隔壁的楠楠就抓了一只，他说把蝴蝶夹在书里会很好看。"

妈妈想了想，问："你忘了小鸽子吗？小鸽子被人打死了，很可怜。如果你把蝴蝶抓来夹进书里，蝴蝶也会很疼，还会死掉，是不是也很可怜呢？"

小杰认真地思考着，然后说："那我不要蝴蝶了，可是楠楠抓住的蝴蝶怎么办呢？"

妈妈反问他："你说怎么办好呢？"

小杰说："我去告诉楠楠把蝴蝶放了，让他不再捉蝴蝶了。"

妈妈微笑着亲了小杰一下："你能这样做，说明既有同情心又会处理问题。"

研究发现，婴儿出生后，听到其他婴儿的啼哭会不舒服。有人认为，这是人类同情心的最初表现。随着孩子年龄的增长，他们渐渐能够区别他人和自己的痛苦，也开始懂得安慰别人。这些都体现了孩子善良的本性。

然而，孩子有时候也会为了满足自己的意愿而不顾别人的感受，比如自己的玩具被别人拿了，他就会推开别人，从而保护玩具。其实，这并不是孩子的错，而是因为他们还没有学会正确运用自己的善良。

家长需要有意识地培养男孩的同情心，让他乐于助人、善良随和，最终成为富有爱心的人。培养同情心需要一个过程，不能操之过急，应按照下面的方法，始终如一地做下去：

方法一：让男孩了解各种感觉。

首先，家长可以告诉孩子，他的行为会给别人带来什么感受，比如他替下班回家的妈妈捶背，就对他说："真是好孩子，这么心疼妈妈！"他会知道他的这种做法是被认可的；当孩子不是那么友善时，也要心平气和地说："你拿走了明明的玩具，他很难过，你想想怎么做能让他开心一点？"

还有一种让孩子了解自己情绪的方法，可以每个星期在小画板上挂一幅表示人的某种情绪的画，如高兴、生气、惊讶、悲伤等，然后和孩子谈谈他在哪些时候感受过类似的情绪。

方法二：让男孩理解别人的行为。

当看到别人做好事时，应提醒男孩注意，比如可以说："记得超市里那个阿姨吗？我的袋子掉在地上了，她帮我捡起来，真是好人。"这样做，家长就可以让孩子加深理解别人的行为会如何影响自己的情绪，从而培养孩子的同情心。

方法三：教给男孩基本的礼貌常识。

良好的举止是孩子表达对别人关心和尊重的最好方式。在孩子可以用语言和别人交流之后，他就能开始说"请"、"谢谢"等礼貌用语了。家长首先要对孩子和别人以礼相待，做好榜样，他就会明白，无论是在家里还是在外面，礼貌用语都应该作为日常交流的常用语。

方法四：让男孩完成一点小小的任务。

研究发现，有责任感的孩子会无私地关心他人。在日常生活中，家长可以让男孩喂养宠物来培养他的爱心和耐心。如果家长还能适当地给予表扬，那么效果会更好。同时运用一些语言鼓励，如："你看，狗狗朝你摇尾巴呢！你喂它吃东西，它很开心！"这样会让孩子更有成就感。

在培养孩子的同情心时，家长一定要注意自己的言行，平时孝敬老人，同情弱者，用榜样的力量来影响孩子，有意识地引导他们去模仿，并不断加以强化。

"孝心"是男孩良好品德的基础

当男孩无视父母的痛苦，不关心、不体贴、不照顾，反而蛮横不讲理，向父母提出更多的要求，家长会不会感到非常愤怒、伤心、难过，觉得自己白养了个不懂事、没有一点良心的孩子？

自古就有"羊跪乳，鸦反哺"、"滴水之恩，当涌泉相报"的传统美德。可是如今，感恩、孝顺之心却渐渐地远离了孩子。一个孩子连孝心都没有，是不可能会关爱他人、关心社会的。因此，家长不能光顾孩子的技能培养，而忽视了孩子的孝心的培养。

奇奇的父母常年在外打工，他一直跟爷爷奶奶一起生活。最近，奶奶生病了，躺在床上养病，都是爷爷给他做饭。可是他吃了一口，却不肯吃了，还说："爷爷，您做的饭一点也不好吃，我不想吃了，我自己买方便面吃。"奶奶心疼奇奇，怕他老吃泡面营养跟不上，于是每天都苦撑着身体，做好饭菜，等奇奇放学回来吃饭。即便如此，奇奇还是提各种各样的要求，不是嫌奶奶做的菜太简单，就是挑剔这挑剔那。有一天在做饭时，奶奶支撑不住，晕倒了。爸爸妈妈从外地赶回来，知道事情的起因后，责怪奇奇："奶奶年纪大了，现在还生病，你怎么一点都不知道关心她?! 真是白疼你了！"

孝顺父母是中华民族的传统美德。如果一个孩子连对自己的父母都没有孝心，危害的不仅仅是父母，还会危害他人，严重时还会危及社会。

孩子没有孝心的原因主要有以下几方面：

1. 家长过于溺爱孩子，让孩子觉得所做一切都是应该的，没有感恩之情。

2. 家长不尊重长辈，孩子也会模仿家长的言行举止。

3. 孩子表达孝心时，曾被家长拒绝过。

4. 家长忽略从生活小事中培养孩子的孝心。

小吉的奶奶今年70多了，老人家身体可硬朗了，每天早早就跟几位老年人一起晨练。妈妈总是把饭菜做好了，放在电饭锅里保温，等奶奶回来能吃到热腾腾的饭菜。平时，妈妈也常常告诉小吉要尊敬老人，每次出去买衣服，妈妈总会想着给奶奶买一身衣服，带一些奶奶爱吃的糕点和水果。妈妈对奶奶的好，小吉全看在眼里，记在心上。平时妈妈上班很累，脚疼时，小吉就帮妈妈倒好水，让妈妈泡脚。妈妈给他买了些好吃的，他也会想着给奶奶留着。小吉对父母非常体贴，对爷爷奶奶也非常关心与照顾，让爸爸妈妈感到无比高兴。

孩子有孝心，就能够主动关心自己的父母或长辈，就会把父母或长辈放在他心里的第一位，想他们所想，急他们所急，为父母或者长辈做些他能做的一些力所能及的事，这对他们的成长也是非常有好处的。

那么，家长如何培养孩子做一个有孝心的孩子呢？

第一，给孩子做孝道的好榜样。家长在孩子面前尊敬长辈，照顾与关心长辈的生活点滴，都会影响孩子对孝心的理解，从而会变得有孝心。

第二，要给予孩子表达孝心的机会。生活中，有些孩子很想为自己的父母做一些事，表达他们对父母的爱，往往会被父母拒绝。其实，哪怕是孩子做了一件很小的事情，家长也要接受孩子的孝心，并给予感激和赞赏，孩子才会养成自觉孝顺父母的习惯。比如，孩子削好了苹果，送给妈妈吃，妈妈一定要接受并表扬。

第三，教孩子懂孝道。家长可以通过给孩子讲故事，唱儿歌或者角色互换表演游戏等方式，教孩子了解"孝"的含义，知道"孝"的表达方式。如：《慈母吟》。家长跟孩子做游戏，让孩子扮演如何照顾妈妈的角色，看得多了，听了多了，做得多了，自然就会有孝心。

"百善孝为先"，孩子如果没有孝心，家长就要首先反思自身。家长要注意让孩子从生活中的点滴小事做起，培养孩子做一个有孝心、尊敬长辈的好孩子。

第六章
智商培养，天才是后天教育出来的

寓教于乐，提高男孩的观察力

观察就是通过眼睛有目的地了解某个事物、深入认知事物的过程。观察力是直接奠定孩子后天思维的发展的重要基石，通过观察，孩子能猎取更多丰富的事物、创造奇特的想象。所以，从小培养孩子善于观察的能力很重要。

幼稚无知的孩提时代，有的男孩子充满好奇心，常常会问："天为什么是蓝的？""那颗星星到底离我们有多远？""天冷了水为什么会结冰？"有的父母可能会不耐烦地说"去！哪有那么多为什么？"或是"你自己去看书，我忙着呢！"如果这样做，就会伤害孩子对周围事物的好奇与思考，扼杀他们的观察力。

有一次，在学校一个游戏中，洋洋同学亮亮的手不小心被门夹出血了。所有参与游戏的同学都很着急，大家一时都不知所措。而此时，飞飞却镇定自若，他先用干净的纸巾帮亮亮擦干血迹，又匆匆跑到学校的医务室，从医生那里要了点棉花，不慌不忙地擦掉亮亮手上的血渍，然后又取出自己的小手帕，叠成丝带状，缠在亮亮的手上，说："别急，过一会儿就好了。"到最后活动结束时，飞飞得到一朵红花的奖励，因为他遇到事情能自己想办法解决。老师问飞飞是怎么想到当小朋友手受伤时用这个办法的。飞飞说："上次自己的手被小刀划伤了，妈妈就是先带他去水池冲洗，然后用毛巾擦掉血迹，最后包扎好来止血的。"

通过上面这个故事，我们就可以看出飞飞能通过生活中观察，将包扎伤口的方法运用生活中去，从容地解决生活中实际问题。因此，培养孩子的观察力非常重要。家长们如何积极地培养孩子明察秋毫的洞察力，加深对事物的认知呢？

一、要根据孩子的兴趣去培养孩子的观察力。

作为家长，得知道自己孩子的性格，大部分男孩子都喜欢具有挑战、竞争力强的事物，家长可以顺着孩子的喜好，耐心地指导孩子，让他们自觉地去观察，去接触，去挖掘。

二、要培养孩子使用各种感官进行观察。

尝试引导孩子去感受和接触各种各样的事物，这需要给孩子们一些建议和提醒。比如，我们经常会遇到各种各样的动物，像狗啊，或许会被它的皮毛、高大的形状，或者是它的眼睛吸引，总想触摸，这时就要有人看护，或者提醒孩子。而不是当孩子们因好奇打碎花瓶、或者被狗咬以后去责备他们。更重要的是要鼓励孩子接触事物，让他们从中获取一种接触感。

三、需要给孩子开阔的视野。

家长应抽空多带孩子参观商场、动物园、公园，参加一些画展、音乐会等有趣的活动，丰富孩子的生活，扩大知识面。也可以带着孩子们接触自然，了解事物发展的过程，看看刚出土的小草、听听聒噪的蝉鸣、尝尝饱满的麦穗、摸摸冰凉的雪花，从而认知春夏秋冬四季。有时候家长需要给孩子们一些形象具体的比喻，比方说，童话故事里有大海，沙子，他们都没有概念，家长就让他们在沙滩上尽情的嬉戏，给那种身临其境的感觉，及时把故事串联起来，这样就更能提高孩子的兴趣。

四、需要培养孩子观察的系统性。

父母可以指导孩子遵循由近及远、由表及里、由局部到整体或由整体到局部、由明显特征到隐蔽特征的观察原则。如：观察鸭子，可先引导幼儿观看鸭头、鸭嘴、鸭翅，进一步分析鸭子和鸡的异同。边看边引导，还可提一些问题让孩子回答。对比观察是一个很好的观察方法。加深对事物特征细致的观察，就会提高孩子的观察能力。

作为家长来说，培养孩子优秀的观察力，让孩子拥有细致而缜密的思维，不仅仅是支持，更重要的是给孩子一个舞台和方法，这将对他们的人生有着深远的影响。

开阔眼界，锻炼男孩的独立思考能力

现如今的孩子，个个在家都是王子、公主。由于独生子女的缘故，家长自然而然地就会担心孩子在参加实践过程中的安全，故而不辞辛苦地为孩子包办一切。这样就渐渐弱化了孩子独立思考问题的能力，同时也影响了他们解决问题的能力。

大部分家长都希望孩子能独立地思考问题，但是实际做的时候却往往相反。培养孩子独立思考的能力，不仅会促进孩子正常的生理发育，而且在孩子遇到问题时能冷静想到解决问题的办法，逐步适应社会。

在一次提问中，李老师要求同学们去试着解决集体放假外出旅游交通方式的问题，孩子们说出了各种的交通工具，诸如坐大巴，坐火车，乘飞机，坐轮船。这些观点是很平常的，也是老师希望听见的。只有雨雨一个人例外，他建议同学们手拉手走着去旅游，说这样不但可以加强同学之间的友谊，还可以欣赏沿途的风景。

雨雨的观点虽然可能不实际。甚至不可行，但它却是一个孩子主观独立思考的结果。那我们父母应该怎样锻炼孩子的独立思考能力呢？

一、给孩子营造独立思考的氛围。

父母需要给孩子一个独立的生活空间。有些家长因为担心孩子就和孩子一起睡，不希望孩子过集体生活，不让孩子做家务，不锻炼他们的生活能力，遇到任何事情，家长做主，孩子只要乖乖听话就好，就连学习上，家长也喜欢干涉一下。日子久了，孩子的心中就完全失去了独立的意识，等待家长主宰他们的人生。要知道孩子也是一个完整的、独立的个体，应该允许他们有自己的世界，让孩子渐渐去适应集体生活，支持孩子出去闯荡。

二、放假时，应鼓励孩子参加一个夏令营。

夏令营是团体活动，同龄的陌生人见面，少了家庭和家长的庇护，他们就会自己思考如何与人交际。在相处的过程中，同伴之间肯定也会产生些摩擦，孩子们会思考如何相处和如何解决矛盾，同时可以提高锻炼他们独立生活的能力。

三、锻炼孩子良好的思维方式。

首先，让他们建立一个敢于怀疑、逆向思维的信念，放开手，让孩子自己大胆地去想，培养孩子独立思考的想象力。然后，让孩子学会勤于思考，建立多角度的思维模式，培养发现问题的能力。遇到问题要学会追根寻底，多问几个为什么，然后做出自己的独立判断。

四、在游戏中提升孩子独立思考的能力。

家长可以根据男孩子一般都比较贪玩的天性，带孩子玩一些益智类游戏。在游戏中注入益智因素，逐步提升孩子的独立思考能力。例如，家长可以培养孩子的逆向思维，经常让孩子说一些反义词，让孩子逆向地思考问题，多角度地去思考，开阔孩子的思维空间，更加全面地分析问题，而且也可以让孩子扮演各种角色，孩子会在游戏中考虑人物的特征、心理活动，在故事发展的过程中，也会锻炼孩子语言的表达能力、动手能力、交流能力，肢体调节能力会更加协调，逐步培养孩子独立思考问题的能力。

五、给与孩子合理的建议，引导孩子养成勤于思考的习惯。

首先，家长应该鼓励孩子表达自己的意见，找出孩子思考问题的角度和缺陷，有时即使是错误的，也要让孩子说完，再询问孩子问题中的缺陷，给予适当的指导，同时也应该积极肯定和表扬，增加孩子主动表达的自信心。其次，父母要和孩子一起讨论，耐心地向孩子解释其中的道理。父母也可以经常给孩子提出一些问题，引导孩子的思路。赞赏孩子提出标新立异的想法，积极鼓励孩子标新立异。最后，家长应建议孩子每天拿出十分钟或者更多的时间专门思考问题，比如学习方面的、生活方面的、人际交往方面的，最好能随时记录自己遇到的问题。

想培养孩子独立思考的能力，作为家长来说，就要给孩子建立极大的信心，让他们尽情自己体验。第一次也许他们会出现问题，但只要适时地给一些建议或方法，相信他们一定会成为生活的主人公，勇敢地走向未来。

孩子记忆力差，可能是家长的误解

家长在一起聊天的时候，常常会聊到自己孩子的学习，有的家长就开始抱怨自己的孩子记忆力差，学习成绩一塌糊涂。众所周知，记忆力差会增加孩子学习的困难，随着知识的逐渐增多，不自觉地降低孩子的学习兴趣，这样会传染孩子对其他事物的健忘，逐渐地丧失信心。

其实，很多家长认为孩子记忆力差，属于一个误区。作为家长应该知道，孩子的记忆力是先天决定的，孩子年纪越小记忆力越差，实际上，有时孩子长期记忆力几乎是零。潜意识的记忆，往往会让孩子只有一点点的印象。尤其对于一些顽皮的孩子，可能根本没有印象。

小虎小的时候每次做事总心不在焉，不管家长怎么提醒也不管用。上小学三年级后，这种情况明显增加，非常的健忘，常常在上学时，总有学习用具或者课本遗落在家里。这不，在这次期末考试后，一看他的试卷，家长就更担心了，试卷上的题不但老师讲过，而且家长也提醒了好几遍，可是到最后还是莫名其妙地出错，导致成绩一塌糊涂。更糟糕的是，小虎最近无论做什么事都晕晕乎乎，让他去买瓶酱油，他慢悠悠地出去了，半晌才回来，还忘了拿商店找的零钱，真令人担心。

小虎健忘、丢三落四是记忆力差的表现，普遍会出现在每个孩子的身上，对于孩子这样的问题，家长如何改正孩子记忆力差的现象呢？

一、正确引导孩子的思维方式。

首先，提高孩子的学习兴趣，逐渐锻炼孩子的理解能力，因为理解是记忆的基础，只有理解的东西才能记得牢、记得久。死记硬背虽然能使孩子在短期内记住，但随着时间的推移，大多数也会全都忘掉。其次，就是鼓励孩子集中精神做某件事。孩子注意力集中，这样就会留下深刻的印象，也不容易遗忘。然后，制定详细的计划，逐步克服做事条理性差、随意性强的缺点。最后，养成良好的复习习惯，不断地鼓励孩子经常回忆，加强记忆，防止遗忘。

二、父母可以鼓励孩子利用手眼视听结合的方法。

在背诵记忆的同时，加强孩子手、脑、眼、口的综合记忆，来提高记忆效率。根据实际情况，灵活运用列表格、画图表、写提纲、记笔记、集卡片等记忆方法，增强孩子记忆力。首先，家长可以把孩子记忆的对象按照其性质、特征、内容归类，让孩子掌握其中的诀窍，或者列成表格，增强孩子脑海中事物间的差异，这样就便于记忆，然后，家长建议孩子对于要做的事，可以列详细的步骤，有规律的记忆、处理，这样就不会遗忘，也会渐渐加深孩子的记忆力。

三、运用反复回忆法、精读记忆法等方法提高孩子的记忆力。

1. 反复回忆法。把记忆的事物，分成小组，依次排列，不断反复复习和巩固前面的事物。这样周而复始地记忆，使记忆信号反复再现，能使人的记忆持久。

2. 精读记忆法。在阅读时抓住文章的主次，精读和略读文章的内容。

3. 组合记忆法。把零散的材料组合起来记忆。

4. 还有形象记忆、概念记忆、逻辑记忆、情绪记忆、运动记忆等其他方法，让孩子掌握记忆的技巧，来加强孩子的记忆力。

四、从生活方方面面的细节来提高男孩的记忆力。

首先，如果孩子的记忆力果真很差，家长可以从饮食方面补充孩子生理生长需要的营养，多给孩子增加一些加强记忆力的果蔬，如吃核桃仁之类的；或者炖些排骨和棒骨。其次，保证孩子科学用脑，防止过度疲劳，更不要让孩子超负荷的记忆，这样会降低大脑的工作效率。平时让孩子保持积极乐观的情绪，这是提高记忆力的关键。

作为一个家长，为孩子建立足够的自信心，根据孩子的成长特点，找出适合孩子记忆方法，这时候家长应该多听听孩子的意见，逐步提升孩子记忆的兴趣。

丰富男孩的想象力，给梦想安上翅膀

孩子一天天的长大，丰富的想象力，给梦想安上了飞翔的翅膀。在孩子成长的过程中，想象力首先会激发孩子的潜能，满足他们的好奇心，积极地同小伙伴们交流，然后，慢慢提升孩子后天自我表达的能力，促进孩子的身心和智力发育。

明明爸爸是一位普通的家长，在一次画画中看见儿子画出了灰蒙蒙的天空里飘着许多不知名红色的怪物，便大吼道："你画的这是什么呀？"儿子哭丧着脸说："我们老师说随着环境的恶化，地球的动植物逐渐减少和变异，如果不加珍惜，就濒临灭绝。我画的是灭绝以后的新生物。"父亲听了以后，就更加生气了，完全不顾孩子的想法，愤怒地说："天应该是蓝色的！你给我重新画图中的动物，不能随意乱画，必须画鸟儿洁白的羽毛。"说着就顺手把孩子的画撕了，还说："如果不听话，不好好认真画，以后就不让你画画了。"吓得明明哇哇大哭，胆怯地拿起彩笔，很不情愿地按照爸爸的要求画起了水彩画。

上文中明明的爸爸，运用固定的思维审视孩子的画，却完全忽视了孩子的视角，影响了思维的方向。丰富的想象力是孩子成长必需的，对孩子的智力发育有着重要的影响，也会促进孩子后天生活的思维方式。那么，家长如何培养孩子丰富的想象力呢？

一、家长应有意识地为孩子提供想象的生活基础。

大量的生活经验会刺激孩子独特的想象。所以在孩子成长过程中，家长应该从小事对孩子进行训练，加强孩子动手和动脑的能力。动手实践过程，思维也在一步步的形成。家长可以尝试让四五岁的孩子去组装小玩具，在孩子动手的过程中，就会产生各种各样的想象，随时会提出奇特的问题，家长就需要逐步正确的引导孩子。比如，家长可以说西红柿的形状和颜色，孩子脑海中就会出现关于"西红柿"的一个大致印象，然后让孩子在一堆水果中挑选西红柿，激励孩子比较和脑海中想象的差异，不断帮助孩子建立大量的表象，随着表象积累的数量增多，孩子的就容易将想象联系实际，这就是逐步提升孩子想象的过程。

二、让孩子尽量体验各种感觉。

在孩子空闲的时候，家长可以带着孩子去领略自然的神奇魅力，通过对自然的亲密接触渐渐增加孩子的生活经验，能在孩子记忆里留下深刻的印象，为孩子的想象力提供更多的素材。比如，孩子漫步在软绵绵的沙滩上，五光十色的贝壳，波光粼粼的水面漾起的波纹也会引发孩子无尽的思索。或者家长给孩子看一些配有艳丽色彩的童话书，这样会勾起孩子想象的兴趣，带着孩子演绎故事中的人物，让孩子身临其境，亲身体验故事发展的变化，鼓励孩子尝试着想一些不一样的结局。

三、利用音乐、影视激发孩子的想象力。

家长给孩子听一些没有歌词的纯音乐，询问听到曲子的感受，这首曲子要表达什么，是热闹愉悦的鸟语花香，还是水天一色的沙滩海面？有时候，家长会看到孩子对影视剧或声音不自觉的模仿、表演，比如在观看动物世界时，嘴里不停地学着"啾、啾、啾"的鸟鸣；交通拥堵时，嘴里就会发出"嘟、嘟、嘟"的车笛声……将自己融合到画面的角色中，尽情享受其中的快乐。孩子稍大后，家长应该多引导孩子看一些童话、神话、科幻，有些男孩子会更加注意这些未知的事物，对空间充满了无尽的想象，甚至会猜想外星人的样子。

四、经常和孩子一起做想象力拓展的游戏。

家长和孩子一起做游戏，是鼓励孩子想象的大好时机。在游戏中，给孩子提大量的问题，拓展孩子的兴趣。如男孩子爱玩搭积木，家长可以问"建造怎样的房子？""如何建造？"等问题。

想像是孩子的一种宝贵品质。作为家长，应该让孩子积极地投入实际行动，正确引导孩子将想象和现实结合起来的能力，这样一来，对他们未来的学业和生活都是大有帮助的。

动手能力可以促进男孩大脑发育

在孩子的成长中，动手能力会促进孩子思维的发育，一方面会促使孩子产生强烈的好奇心，驱使孩子去主动探索；另一方面也会开阔孩子视野，加深对事物的认知，熟练地掌握生活的技能，逐步地获得成熟的方法和经验。最重要的是，一个人的思维能力往往取决于动手实践能力。

福福已经八岁了，每天都过着一种衣来伸手、饭来张口的生活。有一次奶奶去学校开家长会，老师就提到独立自主与家务劳动的关系。一直都非常宠爱福福的奶奶才意识到自己的错误，一家人把他当成宝贝一样看待，这样下去，孩子将来怎么能独立地在社会生存呢？奶奶回家后就和福福的爸爸妈妈商量了这个问题，一家人决定开始对孩子进行独立能力的培养，就从洗衣服开始。

福福脱下当天的衣服后对奶奶说："奶奶，这件衣服又脏了，你帮我洗了吧。"奶奶说："我今天没时间，你在学校的时候不是学习了怎么洗吗，你还是自己来吧。"家里人还没有拒绝过他的要求，于是他就暂时答应下来了。

可是没想到，衣服在盆子里都泡了三天，福福还是没洗，都快没有换的了，于是跟奶奶说："奶奶，我没有衣服穿了，怎么办呀？""上次不是让你洗衣服吗，现在赶紧去洗，然后再甩干，明天早上就能穿了，不然没有别的办法。"听了这话，福福终于意识到，这次的衣服必须要自己洗了。

当福福用了好长时间终于洗好衣服以后，奶奶问："你现在有什么感觉呢？"福福虽然有些狼狈，但还是挺高兴地说："奶奶，刚才我洗衣服的时候就想，其实挺容易的，为什么我不自己做呢，放心吧，以后我都会自己洗的，而且还要洗你们的衣服……"

虽然孩子的动手能力不尽相同，但根据孩子的实际情况培养其动手能力的方法却是大同小异的。

一、建立正确的观念。

家长不要担心孩子小不会做事，怕他出事或怕损坏东西，在对待新事物时，尝试着让孩子自己动手，所以要给孩子建立信心，鼓励孩子勇往直前。然后，将动手教育融入家庭生活中的点点滴滴，就像上述案例中的福福家长一样。

二、在生活中锻炼孩子的能力。

在生活中锻炼孩子动手的意识，家长可以鼓励孩子自己刷牙、洗手、洗脸，多做家中的一些家务活，如包饺子、择菜等。同时也可以根据孩子的兴趣，教孩子绘画、泥工、剪贴，或者给孩子购买一些操作性强的玩具，如橡皮泥、拼图、积木等，让孩子动手操作。

孩子的模仿力特别强，第一次他们没有经验，所以家长先示范一次，或在一旁耐心地指导孩子做一遍，最后态度缓和地指出错误的地方。在孩子玩游戏时，家长也应尽量抽出时间和孩子一起玩，但一定要让孩子自己动手来完成，并且适时提出一些有见地的问题，引发孩子自己去思考。多激励，少责备。

三、利用游戏激发兴趣，培养孩子动手能力。

家长可以和孩子互动，指导孩子做串珠、穿穿线板等游戏，也可指导孩子利用家庭中的废旧物品做游戏、如将用过的饮料瓶做成娃娃过家家，用挂历纸折飞机、叠小船做开飞机、轮船的活动等等，让孩子体会到动手的乐趣，强化孩子动手的欲望，养成爱动手的习惯，提高孩子的动手能力。

四、让孩子经常自我反省。

年幼的孩子做事情时必然会出现失误，所以孩子非常需要在犯错之后有自我反省、自我觉悟的机会。

但是，现在不少父母都会对孩子过分地加以保护，常常在事先就把一切都为孩子做好了，这就等于剥夺了孩子们自我反省、自我觉悟的机会。因此，父母应该放手让孩子独立去做一些他们想做的事情。在这一过程中，孩子们需要独立做出计划，并把它们付诸实际行动。如果孩子在做事的过程中犯错，以后就会学会如何不再犯类似的错误。

在孩子的成长过程中，家长不仅仅要传授他们知识，也要传授孩子动手能力，让他们在未来的生活中勇敢翱翔。

随时随地保护男孩的分析判断力

长辈的过分地溺爱，导致当今的很多男孩优柔寡断，犹豫不决。孩子没有判断力，就会不分好坏地接受各种事物，这样就会致使孩子走向歧途。所以，家长应该从小加强孩子对各种事情的分辨能力。当然，也不能凡事都由着孩子的性子来，否则，就会让孩子产生任性的性格。所以，要培养男孩子对不同的事作出正确有效的判断。

淘淘四岁多了，他跟别的小朋友一起玩的时候，别人说什么就是什么，从来不自己做主。其它事情也是这样，比如他很爱画画，可有时候在选择着色时，常常会问妈妈用什么颜色好。妈妈说："你自己决定吧，你想用什么颜色就用什么颜色。"若妈妈坚持不说，淘淘就会可怜巴巴地望着妈妈，或干脆扔掉画笔不画了。有一次，他画的斑马有两条尾巴，妈妈就问为什么，他竟然说因为他的好朋友就是这样画的，所以他也要这样。妈妈告诉他，做事要有自己的想法才行，可他还是坚持说要和别人一样。

缺乏判断力的孩子往往出现在专制的家庭。孩子在年幼时，父母往往拒绝孩子和性格不好的孩子戏耍。有的家长总喜欢自作主张，武断地帮助孩子做决定，父母习惯于粗暴地替孩子做决定，还会说："我们都是为了你好！""我们会害你吗？"如此之下，孩子已经没有了自己的思维，没有了自己的判断力。

有的孩子会完全迎合家长及长辈的喜好做出选择，但有的产生了叛逆的心理，处处都和家长作对，父母说西偏向东，甚至离家出走。随着孩子一天天长大，他们逐渐有了清晰的自我意识，自己就会产生很多的想法来判断某件事，心里很渴望父母能听听自己的想法，自己决定自己的事情，小到生活上的事情，大到升学的志愿。但大多数父母总是强迫孩子按照自己的意愿行事，渐渐孩子就失去选择的意愿，凡事都听别人的想法。那么，家长如何培养和训练自己孩子的决断力呢？

一、给孩子作决定的机会，适时给予孩子建议和指导。

在孩子的世界里，他们也经常会面临一些抉择，家长要培养孩子勇于说出自己内心的想法，逐步让孩子自己拿主意。比如，孩子晚上不肯上床睡觉时，家长可以对他说："我相信你一定能管好自己的，你明天七点要起床，所以，你自己会在九点前上床睡觉。"

当然，由于孩子对许多事情的认识并不全面，所以家长在支持孩子自己做主的同时，也要给予适度的限制与提醒。比如，家长可以如此问他："你想要听什么样的故事，想穿什么睡衣？"这样的提问，不仅能让孩子觉得自己的确享有主导权，更加能够保障他的生活不会混乱。

二、让孩子亲身感受错误判断的结果。

当孩子十分热衷于自己的选择，家长应该让孩子自己去体验，在体验中孩子就会了解自己的能力，变得越来越自信，也会认识到错误的决定将会产生怎样的结果。比如：在一次活动后，由于放学迟，家长准备去学校接孩子，但孩子坚持要自己走夜路，回到家后就吓得哭了起来，原来他在路途中被砖块绊了一下，差点跌倒。这时，家长就指导说以后走夜路要带上手电筒。在孩子体会到由于自己的决定导致困难时，家长不能讽刺挖苦，挫伤孩子自主决定的积极性，而是应将关注点放在怎样引导孩子做出正确的选择。

指导孩子判断的同时，家长多引导孩子去注意一些社会性问题，例如就业问题、性别歧视等，这对提高男孩子的自信和决断力十分有效。不要认为孩子很小，对一些事情很难有自己的看法，恰恰相反，只要你让他说，他们就会滔滔不绝。

家长应该明白，犯错是孩子的权利，也是孩子成长中必要的环节，更是提高他们分析、判断能力的一个好方法。因此，家长要允许孩子犯错，积极引导他吸取教训，鼓励他下一次做得更好。

学会表达和沟通是男孩进入社会的第一课

男孩随着年龄的不断增长，慢慢的就要进入到集体生活，逐步进入社会。在这个过程中，孩子尝试着与人沟通、交流，同时也会表达自己的想法。所以掌握沟通技巧对男孩来说十分重要，它反映出了孩子的智慧，而且对日后学习、工作有着举足轻重的作用，也是日常生活中一项不可缺少的能力。

浩浩的父母从小就很疼爱他，常常买漂亮的衣服和好玩的玩具给他，由于工作上的原因，父母很少与浩浩在一起，所以从小时候起，浩浩就是一个人看电视、玩玩具。上小学之后，因为他不太懂得与同学相处，也不知道如何与他人分享，所以大家都不愿意和他做朋友。久而久之，浩浩的性格越来越孤僻，甚至讨厌上学和学校生活。有一次，隔壁的王叔叔来串门，浩浩没有开口说话，妈妈就让浩浩叫叔叔，浩浩扭捏半天，才害羞地小声叫了句"叔叔"，然后就胆怯地跑开了，妈妈对此既生气又担忧，气的是小男孩怎么能如此害羞，忧的是浩浩今后怎么跟别人交流。

正如文中的浩浩一样，由于家长忙碌工作的原因，忽略了孩子交流与表达能力，导致孩子性格内向，喜欢孤独，渐渐地疏远了同学，而且面对陌生人，总是表现得很害羞，这对其人生发展是极其不利的。

那么，家长应该如何培养男孩子的表达和沟通能力呢？

一、让孩子学会倾听和表达。

家长必须平等地对待孩子，虚心地与孩子探讨问题。在倾听时，注视男孩，表现出好奇的样子。切忌做出与谈话无关的动作，这样会严重损害孩子的自信心。更不要以忙为借口而拒绝倾听，哪怕抽出 10 分钟的时间，听孩子讲讲他的故事、他的爱好、他的所见所闻，这将加深你与孩子的感情，锻炼他的倾听能力。同时，也要鼓励男孩做个好听众。通过倾听，男孩可以明了他人的谈话内容，甚至言外之意，从而更好地了解别人。然而，本身倾听能力弱的男孩子不会耐心地倾听，这时家长就需要传授男孩子一些技巧，比如提高孩子对事物的兴趣，告诉孩子认真倾听是对别人的尊重，这样来让孩子成为一个会倾听的人。

二、锻炼孩子的语言表达能力。

很多男孩都有与人沟通的愿望，但往往由于缺乏交往技巧，他们不知怎样与人谈话，结交朋友。男孩同样需要得到他人的关注和认可，在他不知道怎样与人沟通的时候，往往压抑自己，表面上是腼腆，其实是缺乏自信的表现。讲故事，就是锻炼孩子的语言表达能力一种最好的方式，条理清晰地讲故事，可以增强男孩的理解力和记忆力，逐步培养男孩的交流表达能力。

三、给予孩子适当的赞美。

家长不应该只将眼光放在他的学习成绩上。很多男孩好动、淘气，家长不要一味地责备，发现他的缺点的同时，也要注意男孩子的优点，适时的赞美，能渐渐提高男孩子的信心。培养男孩子的爱心，让他们主动地投入到生活中去。

四、家长应该帮助男孩战胜怯懦、害羞的心理。

生理和心理等多方面的原因，会导致男孩产生不同程度的害羞。家长不必担心孩子的害羞，因为这是孩子成长的必经阶段。面对新环境和陌生事物，男孩子往往会显得腼腆、胆怯、犹豫或过分沉默。

要改变这种状况，家长可以多带男孩参加社会活动。在社会这个圈子里接触不同的"社交活动"，像节日庆典、趣味竞赛、艺术展览或玩具展示等。逐步克服男孩心理上的障碍。其实小男孩都喜欢这样的有趣的活动，只是害羞的孩子会害怕一个人去人多的地方。父母这时可以陪着孩子去参加，有了父母的陪同，男孩就会开心地玩耍了，渐渐地也会结交更多的新朋友。家长也可以热情地邀请小男孩的伙伴们到家里做客，一步步提高孩子的交流能力。更有的男孩会羞于表达自己的兴趣爱好，如画画、运动、音乐……家长这时就要善于发现孩子的兴趣和强项并加以培养，也许会有想不到的收获。

良好的沟通技巧，会增强男孩获取信心及与人合作的能力。在未来社会中，他也会凭借这种能力从容地面对生活，平和地看待他人对自己的评价，从而成为一个心理健全、心态健康的人。

小小"破坏王"其实是有探索心的表现

从不同的角度观察问题，就会得出不一样的结论。小孩子淘气，在大人眼中是一件比较头疼的事，但对于孩子而言就是对未知的一种探索。有的父母常常责备孩子的淘气，认为把东西都弄坏了，其实，这种做法是不正确的，家长要引导孩子说出他行为的原因，正确认知事物的原理，才能对孩子做出正确的教育。

涛涛的妈妈抱怨道："我儿子刚刚两岁，平时倒没什么特别的举动，只有一个事情令人非常苦恼，就是一有好看的玩具，不一会儿功夫，就被拆得七零八落，粉身碎骨。多少玩具都被他拆得不像样子。"

这不，最近涛涛的舅舅去了趟国外，顺便给宝贝侄子带了一辆玩具坦克。儿子爱不释手，可是没过几天，妈妈就发现涛涛不玩它了。在不经意间，发现坦克被拆卸成了好几块，皮带轮也掉了，静静地放在阳台下的纸盒子里。妈妈把涛涛叫了过来想问个究竟："涛涛，你为什么把坦克拆成了这个样子啊？"，然后十分生气，对涛涛就骂了起来，还动手打了孩子几下。涛涛哭着说："我想看看坦克为什么能自动跑？"

家长遇到涛涛这样的情况也许并不陌生，说起自家的男孩时，经常会说小孩子淘气、不"老实"。其实，有的孩子会好奇"遥控汽车为什么会跑"、"收音机为什么会发出声音"，这些都是男孩探索心理的表现。那么，家长应如何对待男孩的"破坏性"呢？

一、正确认识男孩的破坏行为。

与女孩相比，男孩的好奇心更为强烈一些。同样是一个玩具，女孩可能会画它的样子，而男孩却可能把它拆得面目全非，想要了解其中的某项技术或某个原因，或者想知道更多的用途，以及是如何工作的。

家长应该把孩子叫到身边，耐心地告诉他：如果想要知道玩具的功能，不能私自拆卸，应该先询问家长，然后在家长的陪同下拆卸，过后还要让孩子尝试重新安装，而不是严厉地指责孩子，这样会严重损害孩子的自尊，阻碍其身心的发展。

二、尊重男孩的天性。

拆玩具的现象一般在男孩子中比较常见。父母要认识到这是孩子正常的心理特点，是孩子的一种难能可贵的创造性，是他们好奇心的体现。孩子往往对玩具为什么会发出声响感到好奇，于是就千方百计地想把它拆开看看。所以，父母第一次看见孩子拆玩具时，千万不要一味地呵斥和批评，而应该先问问他为什么要这样做，拆开后想知道什么。其次，在行为上保护孩子的这种"破坏性"行为。尽量满足孩子的求知欲。例如，当孩子要拆卸玩具坦克时，家长就可以帮助他拆卸，拆卸以后，再帮助他安装起来。这样，既满足了孩子的好奇心，又使他认识了坦克的构造，锻炼了孩子的观察能力和动手操作能力，也培养了孩子的探索精神和创造精神。可是，孩子有时无缘无故的摔椅子、摔碗筷，就纯属过分的行为了，这可能是家长过分娇惯的结果，对此家长需要及时引导纠正。

三、发现并挖掘男孩"破坏性"背后的天赋。

男孩的"破坏性"背后隐藏着很多天赋：探索欲、创造力、思维力、动手能力……因此，做家长的千万不可小瞧孩子的"破坏行为"，如果家长用正确的方法引导，孩子一定会在某些方面表现出特殊的才能。

四、如果孩子的行为过分，要给他一定的惩罚。

如果孩子因为恶作剧或者胡闹而任意破坏公物，那么，家长一定要教育孩子，除了坚定地告诉他不能这样做以外，还可以给他适当的惩罚，比如让孩子通过家务劳动来惩罚自己，这样，不仅能够让他认识自己的错误，也能让他体会一下他人劳动的辛苦。

因此，作为家长们要建立一种心理，认识孩子的破坏性是一种正常的现象，然后采取积极的手段，逐步引导孩子的"破坏力"，和孩子一起安装玩具，解决孩子在这过程中遇到的困难，让孩子逐步成为生活中的小天才。

创造力是男孩受用一生的本领

孩子就像天使一样，带着纯洁呱呱坠地，少了条条框框的约束，没有时间、空间、情感的限制，故而思维往往比成人的更活跃，所以总爱问为什么，家长对此感到无比的烦恼，因为孩子一系列的问题会让家长难以招架。

创造力是陪伴孩子一生的财富，先天的智力与创造力关系不大，后天的锻炼尤为重要，有些家长会忽略这些问题，对孩子天马行空的想法不屑一顾；有的家长甚至不闻不问，认为长大了孩子就不会有千奇百怪的问题。

一次，在美术课上，美术老师田老师让学生们画"好吃的食物"，很多孩子都画了黄橙橙的鸭梨，粉嫩嫩的水蜜桃，最后却发现毅毅画的东西不太像哪一种食物，是一个红彤彤的正方形的物体，田老师就好奇地问："毅毅，你画的什么呀？"毅毅说："我画的是西红柿。"田老师就更加奇怪了，耐心地问："别人画的西红柿都是圆形的，你为什么画成方形的呢？"引得幼儿园的同学哈哈大笑，毅毅说："上次在饭后，爸爸把几个西红柿放到桌上，不一会西红柿就咕噜噜滚到地上摔坏了。我想如果西红柿是正方形的该多好呀！"田老师没有批评毅毅，只是鼓励他说："希望你长大了，能早日培育出方西红柿。"

毅毅画出了方形的西红柿，虽然脱离了实际，但是从中可以看出小孩子奇特的想象力。这种不一样的创造力，会激发孩子不断地探索，产生新的事物，对孩子后天的生活有着举足轻重的作用。那么家长如何培养孩子的创造力呢？

一、带领孩子接触新鲜事物。

创造不是凭空出现的，是孩子透过自己的视角，根据观察到的事物，通过意念，然后创造事物，所以家长就要给孩子提供一个舞台。带着孩子去领略大自然，丰富的素材，慢慢会在孩子脑海中改造、调整，经过思维的加工，实现孩子创造力的提升。例如，家长可以让孩子在大自然中，观察花草树木、虫鱼鸟兽的特征和习性。

二、正确对待孩子天马行空的问题，激发孩子创造力。

家长要认真对待孩子提出的问题。孩子咿咿学语后，可能会问各式各样的问题。对于孩子千奇百怪的问题，家长应从孩子的视角去想，重视他们创造力的发育过程，认真听取孩子自己的想法，对孩子的观点加以赞美，不要轻视孩子各种各样的问题，更不能粗暴地强迫孩子的思维与自己的相同，把孩子当成生活的主角，让他们尽量提出疑问，家长语气平缓地指出问题的所在，纠正在创造力发育时不切实际的问题，就能逐步把孩子引导到正确的道路上来。

尽管家长认为孩子的问题是幼稚的，可能没办法回答，但不管问得怎样，孩子都是渴求得到解答的。因此，家长要给孩子以科学的回答，并鼓励孩子要创造性地提问。另外，玩是孩子的天性，不会玩的孩子不可能是聪明的孩子。家长要积极鼓励孩子进行探索性玩耍，可以通过带孩子做游戏，逐步培养孩子善于观察、善于思考的良好习惯和动手能力。然后，给予孩子一些令他们不断思索的问题，让他们去深入了解，这样，孩子就会对所提出的问题有新的想法和思考。

三、鼓励孩子大胆想象。

创造离不开想象。只有无拘无束的孩子才能自由翱翔在幻想世界里，创造思维才会萌发。对于孩子所产生的想法、愿望，哪怕就是一种臆想，家长千万不要认为孩子幼稚、荒唐，更不应该指责孩子的想法，而是应该正确帮助孩子解决问题，让孩子认识到，想象要根据实际，逐渐完善孩子的思维。

创造力的培养有多种途径，作为家长，应该心平气和地、认真地善待孩子的创造力，给他们需要的舞台，使其尽情发挥天性里巨大的潜能。

第七章
财商培养，给他宝藏不如给他理财能力

让男孩正确看待金钱：钱不是万能的

在经济繁荣的时代，正确的金钱观是家长必须让孩子明确的基本观念。

任何人生存都需要吃饭、穿衣、住房子，金钱对我们每个人来说都很重要。钱是社会发展的产物，它的出现，便利了交换，促进了流通，繁荣了经济，有着不可忽视的作用。但是，面对金钱，人的态度存在很大的差别。有的人视财如命，把金钱看得比什么都重，在金钱面前迷失了本性；有的人面对金钱，却能保持平常心；有的人依靠诚实的劳动获得；有的人却想不劳而获。

今年6岁的斌斌，平日里最喜欢与经商的舅舅玩，舅舅也非常喜欢这个聪明、可爱的小外甥，时不时地还把自己的一套经商理念灌输给他。一天，斌斌拿自己心爱的玩具和小朋友去玩，当小朋友们都围

137

着斌斌和他的玩具问东问西的时候，斌斌突然想起舅舅传授给自己的"经商秘诀"。在他的提议下，小朋友开始竞买他的玩具。当一个小朋友兴冲冲跑回家拿回 10 元钱交给斌斌时，斌斌也特别兴奋地完成了自己的第一笔"生意"。当他把这笔小小的收入交给妈妈时，却遭到了妈妈严厉的批评。斌斌不解地问妈妈："我给他我的玩具，他给我钱，不对吗？这是舅舅告诉我的呀？"妈妈蹲下来摸着斌斌的小脑袋说："舅舅是商人，也是成年人，他有自己独立的金钱观，而你是一个没有任何经济能力的孩子，所以你和舅舅不一样。小朋友之间的友情是很珍贵的，不可以用钱来交换。"斌斌听完妈妈的话，和妈妈一起来到了那个小朋友家里，把那 10 元钱还给了他，并且答应把玩具借给他玩几天。

在商品经济发达的现代社会中，理财能力是生存能力的重要组成部分，从小培养孩子的经济意识无疑是正确的行为，但是，把大人的金钱观完完全全地灌输给孩子却是不明智的做法。孩子毕竟是孩子，还没有足够的能力去理解，他只懂得无意的模仿，模仿的过程中如果没有家长的正确引导就有可能使一些孩子从小形成"拜金主义"的价值观，这种金钱观不利于孩子今后的发展。作为家长，一定要以身作则，首先使自己拥有一种良好的心态，拥有一种正确的金钱观，逐渐引导孩子保持对金钱的平常心，不贪、不奢、不执迷，客观地对待金钱。家长在引导的过程中还应该具体告诉孩子下面几种对金钱的基本态度：

态度一：不应挥霍无度，学习规划钱财的开支，正确地理财。

告诉孩子铺张浪费是可耻的，并从小培养孩子掌握一些理财方法。

要让孩子明白，钱财是用来支付全家人开销的，任何对金钱的滥用都可能影响家人的生活质量，以此培养孩子的责任心，还可以教他们定期往储蓄罐里放硬币，等到零钱积攒多了以后，拿这些钱购买一些学习用品或帮助贫困山区失学的小朋友。这样既可使孩子养成理财的好习惯，又具有教育意义。

态度二：不推崇拜金主义，金钱只是工具，并不是万能的。

要让孩子懂得，金钱只是一种用于价值交换的工具。虽然没有金钱就无法正常生活，但并不能认为金钱万能。它只是生活的一部分，比金钱可贵的东西还有很多。比如友谊、技能、学识等等。在日常生活中，家长应特别注意不要把金钱和对孩子的爱联系起来，也就是说，不要告诉孩子："因为我爱你，所以我要多给你一些零花钱。"这是一种非常危险的做法，可能导致孩子以后错误地认为，金钱也可以用来买到友谊和爱情。因此，家长给孩子零用钱时，一定要让孩子清楚，这是锻炼他理财能力的一种工具，与爱完全无关。

态度三：耕耘和收获成正比，远离不劳而获的思想。

要让孩子跳出狭隘的金钱观，告诉孩子"一分耕耘一分收获。"只有勤劳的人才会生活得充实富有，不劳而获是懒人的思想逻辑，应该予以杜绝。只有付出了，才能够心安理得地拥有自己通过劳动赚取的财富。

古人云"财为养命之源。"但金钱也可以把人带进欲望的深渊。所以忽视钱财，或过分地追求钱财都是不可取的。在这个充满诱惑、物欲横流的社会中，如何培养孩子正确的金钱观，为孩子未来的人生道路铺垫一个良好的基础显得格外重要。现在的家庭都有着很强的经济意识，也有一套属于自己的金钱观，在正确观念的熏陶下，孩子的价值观才会早日成熟起来。

"压岁钱"怎么花才合适？

在当前经济社会里，帮助孩子从小树立理财观念，已成为对孩子进行启蒙教育的重要环节。

春节的时候，按照老传统孩子们都会从"四面八方"收到压岁钱，爷爷奶奶的、姥姥姥爷的、叔叔姑姑的、舅舅阿姨的……所有的钱加起来是一个不小的数目，而且现在的压岁钱呈渐长的趋势。那孩子们的压岁钱到底该怎样处理呢，家长是不是应该给一些建议呢？春节过后，孩子们的钱包马上就鼓起来了，那些钱该如何处理是家长和孩子要面对的问题。如果对这些压岁钱没有一个合理的计划，孩子们可能就不会充分利用起来，乱花钱、相互攀比都是非常容易出现的。家长也不能因为孩子乱花钱就把所有的钱全部都替孩子收起来，这样会使孩子产生逆反心理，这种方法也是不对的，那到底应该怎么做呢？

科学处理压岁钱首先能使物有所值，钱花在应该花的地方，而且也不会助长孩子的恶习，使他们能够端正对金钱的认识，树立正确的金钱观和理财观，这对孩子们未来的发展是很有好处的。如何处理这笔钱有很多的讲究，父母要考虑各种因素，比如孩子的年龄、处理问题的能力、孩子近期的学习规划以及孩子自己的意愿。家庭的实际情况也是要考虑到的一个重要因素。父母一定不能单独行使权力，孩子才是问题的关键。

无论以哪种方法处理孩子的压岁钱都涉及一个理财的概念，正确的理财才能使这些钱发挥价值。假如父母将这些压岁钱用于投资，当然需要和孩子商量一下，若干年后，增值收益再加上本金，这将是一笔不小的财富，可以有很多用途，用于教育支出是最合理的。

来看一看这些家长都是怎么处理孩子的压岁钱的。

小王的孩子才一岁，可是在短短的五天里，孩子就收到 1000 多元的压岁钱。孩子还不懂事，处理压岁钱的任务全都落到了年轻的爸妈身上。小王认为现在宝宝还小，用钱的地方不多，不如把所有的钱都存起来，让它慢慢增值，将来可以作为孩子的教育基金。这是一种正确的做法。

五岁的俊俊已经在幼儿园待了一年了，消费也并不是很多。孩子的压岁钱主要来自爷爷奶奶和姥姥姥爷，大家都是普通的市民，因此压岁钱也并不是很多。通常情况下，这些压岁钱都用于学校的学费，一家人都没有意见。俊俊还特别懂事，从来不乱花钱，在各方面都比较节省。压岁钱用于学费对这种工薪家庭来说是非常必要的，减少家长很大的负担。

相比上面两个比较小的孩子来说，男孩小帆的做法就称得上理财的好办法。小帆每年得到的压岁钱比较多，每次都在 2000 元以上，但是一家人从来没有为如何处理的问题发过愁。每次，一家人就把这些钱平均分成两部分，一部分用于日常的花销，一部分交由父母用在稳定的投资上。这样一来，既可以满足日常的花销，而且为将来的发展打下了物质基础，孩子的理财观念也逐渐形成。

上面的方法都是值得提倡的，所有的压岁钱都得到了合理的使用。其实压岁钱还有一些用途，对于经济比较困难的家庭来说，将孩子部分的压岁钱用于家庭的日常开支也是可以的，但是无论怎样处理孩子的压岁钱，尽量要和孩子达成统一的认识，这样才比较合适。

建议一，让孩子学会理财，学会规划压岁钱的用途。

在孩子收到压岁钱后，首先要制订一个科学的、合理的理财计划。这样不仅能引导孩子树立正确的理财观念，而且还能培养孩子们的投资观念，更重要的是有利于他们将来的发展。制订理财计划要量体裁衣，从孩子以及家庭的实际情况出发，这样的计划才是最有效的。

建议二，让孩子学会存储钱财。

理财计划中着重建议的是储蓄，这样能有效控制人们的行为。孩子在储蓄的制约下，能够控制自己的花销，并且从实际的收益中逐渐领悟到理财的巨大好处，从而主动去学习理财，这对以后的发展都是有好处的。

建议三，让孩子习惯记小账本。

无论压岁钱是怎样处理的，都要督促孩子建立一个账本，把所有的收入和支出都记录在上面，让孩子对自己的经济状况有一个清楚的了解。通过小账本，孩子对金钱的概念会更加清晰，也有助于他们理解花钱容易挣钱难的道理。

使用压岁钱的方法有很多，父母可以根据孩子的实际情况灵活掌握，不仅使他们合理利用，而且通过这个过程，会使孩子明白善于理财的人，就是对自己生活负责、对未来有规划的人。

有必要让男孩了解钱是怎么来的

金钱在生活中扮演着重要的角色，有人说它是万能的，也有的人认为金钱只是获得某样物品的基础，那金钱的价值到底是怎样的，应该如何看待金钱呢，孩子是否也要懂得金钱的价值呢？

金钱到底是怎样的一个东西呢，它与贪婪和满足是联系在一起的吗？明智的人都会持否定的意见。金钱只是一种使自己和别人的生活变得更加美好的工具，但是有了金钱又不能得到一个人想要的所有东西，比如说感情和健康等。

在物质生活水平大大提高的今天，很多孩子都过着非常奢侈的生活，他们根本不明白金钱到底是怎样的一个概念。其实对于金钱的价值可以从以下三个方面进行分析：金钱对于人类的生存有重大意义；金钱是靠劳动获得的，在生活中对金钱既不能浪费也不能过于吝啬；生活离不开金钱，它是生存的基本条件，生活中没有金钱就没有保障。

对于现在的孩子来说，懂得金钱的价值比获得金钱更重要。懂得金钱的价值后，孩子们就会主动分配自己的钱财，做到不奢侈、不浪费，并且主动去积累自己的财富，养成正确的金钱观念和良好的用钱习惯。孩子们对钱不贪，也不怕，更不是金钱的奴隶，这就是父母对孩子进行金钱价值教育的目的。看下面的父母是怎样教育孩子关于金钱的价值的。

曾经有这样一个家庭，在十五年前他们非常贫穷，一家人都过着非常简朴的生活。懂事的孩子们从来不像其他小朋友一样总是乱要零花钱，他们用的东西都是轮换着用，衣服就更不用说了，东西只要还没有破，那他们就不会扔掉。他们知道家中的每一分钱来得都不容易，一家人虽然没有多少钱，但是他们总是那么快乐。

他们的爸爸在孩子们稍微懂点儿事的时候就问到这样一个问题：平时花的钱是从哪儿来的。孩子们不知道爸爸的用意，也就按照自己的想法说出答案。有的孩子说是爸妈给的，有的孩子说是国家拨付的，有的还说是银行里面存着的。爸爸意味深长地说："你们的答案都没有错，但这都是别人的钱，我问的是你们的钱是从哪里来的呢？"

孩子们知道爸爸是在给他们讲道理，都瞪着眼睛等待答案。

爸爸说："得到钱非常容易，只要自己想办法去挣那就可以了，钱都是靠辛勤劳动挣出来的，你们明白我的意思了吗？无论是谁都应该珍惜自己的劳动成果，把它们用在需要的地方，否则浪费的就不是钱了，而是自己的血汗。"

孩子们就是在爸爸这样的引导下逐渐明白了金钱的价值。

后来，这几个孩子长大后都开始创业，一个大家族逐渐兴旺起来了。

孩子们的成功离不开大人的教导，无论家庭条件是怎样的，都应该尽早让孩子明白金钱的价值，这也是通常所说的财商。财商的高低与他们未来的经济状况有很直接的关系，高的财商才能帮助他们更快地实现自己的生活梦想。那家长应该怎样提高孩子们的财商呢？

建议一：教会孩子合理支配金钱。

每个孩子都有一定数目的零花钱，可以适当帮助孩子处理这些钱财。帮助孩子制订一个收支计划，让他们对自己花销有一个安排，也就是做好预算。消费购物时要避免不必要的开支，坚决杜绝"财政赤字"的出现。

建议二：让孩子体验金钱的来之不易。

在孩子还没有挣钱的时候就要告诉他们这样一个事实，所有的金钱都不是从天上掉下来的，都是靠自己的辛勤劳动换来的。只有付出自己的劳动，钱财才会到自己的手中。可以鼓励孩子做一些力所能及的事，然后付给他们报酬。这样一来，孩子们就会知道金钱的价值，也会明白父母的辛苦。

建议三：帮助孩子树立正确的金钱观念。

金钱是生存的必需品，它在生活中虽然起着非常重要的作用，但它永远不是生活的全部，幸福和健康用多少钱都是买不到的。家长要适当的限制孩子日常的消费，只有这样才会养成俭朴的生活习惯。孩子们只有认识到金钱的价值，才会通过正常途径获得金钱，才会正确使用金钱。这对于他们将来走向工作岗位以及未来的家庭都是有好处的。金钱的获得是建立在辛勤劳动的基础上的，天上不会掉馅饼，要想获得金钱，必须付出自己的劳动和汗水。对于金钱的分配应该合理，做到合理消费，既满足正常的生活需求，又不能浪费金钱，要把所有的钱都花在刀刃上。

为你的孩子制定"零花钱守则"

近年来，随着经济的快速发展，人们生活水平不断提高，小学生拥有零花钱已成为普遍现象。而零花钱对于尚未成熟的孩子来讲是不是一件好事，关键还在于如何给他们零花钱，以及家长能否正确合理地规划孩子的零花钱。

家长给孩子零花钱的方式一般有以下几种：有的在发薪资的时候给；有的在孩子学习提高受到老师表扬之后以奖励的方式给；有的是孩子学校组织活动交纳参展费的时候给；有的则是孩子帮家长买回东西剩下的零钱给孩子；更有甚者孩子随要随给，要多少给多少；还有个别家长根本不闻不问，孩子爱拿多少就拿多少。

在现代家庭教育中，怎样安排孩子的零花钱，是做父母的经常议论的话题，也是他们很难处理的问题。父母合理地安排孩子的零花钱，有助于让孩子初步了解钱的意义，并培养他们勤俭节约的好品格；反之，如果安排不妥，则很可能导致孩子今后花钱大手大脚，甚至是身心受到金钱的腐蚀。

一般家庭生活条件富裕的，父母对孩子很慷慨，大把给钱，也不问钱是怎么花的。钱来得太容易，孩子又不懂得珍惜，从而养成挥霍浪费的习惯，更不会有什么理财意识；而严格地节制孩子的零花钱固然可取，但又过犹不及，反而可能导致孩子误入其他的歪门邪路。

徐女士的儿子今年六岁了，孩子学校离她家比较远，徐女士每天上班很忙，送孩子上学的事一般都由儿子的奶奶帮着，老人一般情况下都比较宠孩子。孩子要什么就给什么。每次送孩子上学，都会给孩子一些零花钱，一块或五毛不等。虽然不多，久而久之孩子都成习惯了。不给就死活不去上学，攀比心理增强，胃口越来越大。

有一次，孩子开家长会，于是她就顺理成章的送儿子来到学校，可是刚到校门口，儿子就拉着自己说："妈妈，我要买冰激凌，棒棒糖，每次奶奶都给我买的。"她为了制止孩子的这种恶习，就不给他买，令她不可思议的一幕发生了，孩子竟在众目睽睽之下在地上打起滚来，此刻她的脸刷地红了起来。面对儿子的任性，使她很是无可奈何。

从上面这个案例可以看到，孩子在零花钱上养成了坏习惯。为了避免孩子养成伸手就要、不劳而获的不良习性，家长可以主动给孩子零花钱，而不是等孩子要的时候再给。同时告诉孩子，这周或这月的零花钱若提前用完，家长不会再给的；给的零花钱也不能随便乱花，而是应该用在有意义的事情上，比如买书、买学习用品，等等。

那么，家长应该怎样合理安排孩子的零花钱呢？

第一，要向孩子讲清，家长的钱是父母辛辛苦苦劳动付出得到的报酬。家长还应告诉孩子，浪费金钱就等于浪费生命，所以要珍惜身边每一样用金钱换来的东西。

第二，要向孩子讲解勤俭节约是中华民族的传统美德。经常讲雷锋叔叔艰苦朴素的故事，使孩子从小养成勤俭节约、不乱花钱的习惯。

第三，家长在安排家庭开支计划时，充分考虑到满足孩子正当的兴趣爱好所需要的费用支出。家长要根据孩子的年龄特点，主动为他们购买一些图书，看一些有益于孩子身心健康的电影、电视节目；为他们购置一些玩具、小工具和手工操作的零器件等。这样做，一方面可以开阔孩子们的视野，另一方面，有利于孩子德智体全面发展。

第四，家长给孩子零花钱要讲究方式方法，有的家长定期给孩子一定数量的零花钱。这样做便于孩子安排自己的小计划。家长可以给孩子买个储蓄罐，让孩子将节约下的钱存起来，这笔钱可以让孩子买自己喜爱的物品或做其他有意义的事。

总之，家长应教育孩子学会支配有限的钱财，从小培养孩子理财的能力，这样才能使他们学会最初级的理财常识。

让男孩远离金钱上的盲目攀比

西晋王恺与石崇斗富的攀比作风，在现在的孩子们中间有所抬头。随着物质生活水平的提高，父母给孩子的零用钱也越来越多，孩子可以自由支配的物质财富也就越多，他们将这些财富分配在什么地方，是否都是与学习有关或者是基本的生活需要，这就有待于研究了。

现实证明，孩子们手中的钱越多，攀比心理就会越强。所有的孩子都喜欢新鲜的事物，喜欢猎奇也是他们的天性，这使得攀比越发严重。一般的攀比只是孩子不甘心落后，希望得到心理满足的一种幼稚表现，这种攀比也是没有意义的。孩子存在适当的攀比心理很正常，他们喜欢漂亮的衣服、好玩的玩具、喜欢被大家关注，这种情况下的攀比能够激发孩子的上进心。如果攀比不切实际，孩子的心理就会受到不良影响，这时候就比较严重了。

　　从前有一只母鸡很美慕天鹅，它认为天鹅每天在天空自由飞翔很舒服，可以欣赏大地美景。于是母鸡使劲仰着头对天鹅说："你多好呀，我也希望有你那样的一对翅膀"。天鹅很友好："我帮你做一对翅膀，这样你就也能飞了。"母鸡赶紧说："好"。几天后，翅膀做好了，然后母鸡在好几个朋友的帮助下，把翅膀装在了自己身上。然后母鸡开始用力高飞，可是怎么也起不来，于是就爬到楼顶往远处跳，最后摔在地上，几天都不能动了。

　　母鸡美慕飞翔的天鹅，给自己强装上一对不属于自己的翅膀。

　　正在上五年级的磊磊一直都很优秀，但是这段时间不知道为什么，成绩下降了，而且毛病也多了，也总是喜欢和周围的同学比这比那。原来，邻居小辉转到磊磊所在的班级，他们两个人本来就爱做比较，现在机会更多了。磊磊的爸爸只是一名普通的警察，而小辉的爸爸正好是磊磊爸爸的领导，磊磊自然有些底气不足，这其实是问题的根源。磊磊心里想：这方面我落后了，那就别的地方超过你。市面上一出新鲜东西，磊磊赶紧去买，而且马上拿到小辉面前炫耀。寒假开学后，磊磊就把得到的300块压岁钱拿出来请班上同学吃饭。小辉家条件相对来说更优越一些，他当然不肯落后，时不时搬出官爸爸，而且磊磊一有小动作，他就会后来居上，出手大方。

　　两个小邻居本来可以借同班的机会好好督促对方学习，谁知道他们把精力全部用在攀比上，成绩不下降才怪呢！磊磊和小辉本来可以共同进步，结果却将精力用在攀比上，得不偿失。孩子应该充分利用优越的学习条件争取进步，而不是与同学攀比，既然攀比不会给自己带来好处，还不如安下心来学习。及时遏制孩子的攀比心理，自身优秀才是最重要的。父母要帮助孩子铲掉攀比对成长造成的不利的因素，可以试用以下方法：

方法一：让孩子认识到攀比的危害。

孩子攀比最重要的原因就是不知道攀比对自己以及家庭会造成怎样的危害。在教育过程中，先把攀比的危害告诉孩子，让他对攀比有一个正确的认识。告诉孩子和别人比吃比穿，只会让自己成为一个见识浅薄、好逸恶劳的人。

方法二：转化攀比的坏处为正面的作用。

攀比具有普遍性，完全消除有些难，那就利用起来。抓住孩子的上进心理，引导孩子进行良性竞争，让他们通过自己正当的努力获得自己想要的东西。父母可以让孩子将比较引到学习上来，这样良性的竞争有利于孩子发现自己的不足，从而激发孩子的学习劲头。

方法三：让孩子明白钱财得来不易。

孩子不懂得父母赚钱的辛苦，根本不知道钱是一分分攒起来的。把家庭情况告诉孩子，让他知道任何一分钱都来之不易。如有条件，可以带孩子去自己的工作场所看一看，尤其是从事体力劳动的家长，更要让孩子知道他花的每一分钱里都渗透着汗水。

盲目攀比是没有修养的体现，不切实际的攀比不管是对孩子自己，还是对整个家庭都有一定的危害。拿孩子来说，过度攀比就会分散精力，影响正常的生活和学习，养成并且助长孩子的虚荣心，甚至是奢侈浪费的习惯，消费理念以及消费行为也会偏颇，严重时会引发违法犯罪行为。孩子在与周围人攀比的时候吞噬掉的是父母的血汗钱，换句话说，攀比的不是金钱而是父母的生命。父母为了满足孩子的要求，只能更加努力干活儿。父母对孩子的攀比行为不能掉以轻心，要加强对孩子的教育，让孩子学习老一辈勤俭持家的优良传统。

教男孩正确消费，克服购物冲动

满足生活所需的购物行为是正常消费，满足过度欲望的购物行为是挥霍。这些观念虽然对于成年人来说很好理解，但是对于年幼无知的孩子来说就需要一个认识的过程。孩子以后要在社会上独立工作、生活，这些都离不开钱，必然要和金钱打交道。孩子们现在都有归自己自由支配的零花钱，父母应该怎样指导孩子使用这些钱，如何进行消费，这都是重要的问题。引导孩子理智地消费，家长在教育孩子过程中是不可缺少的一部分。

瑞瑞是个小学六年级男孩，他的父母是成功的商人，所以家庭条件比较优越，加上从小就被宠坏了，所以养成了花钱大手大脚的习惯。他只要看到自己喜欢的东西，就会毫不犹豫地购买，根本不会去考虑价格是不是昂贵。他经常喜欢收集贵重的限量版玩具，甚至还买上千块的遥控飞机等等。而且基本上都是买了没几天就丢到一边，或者干脆送给同学。刚开始因为父母宠爱瑞瑞，所以并没有过多干预；后来瑞瑞的陋习竟愈演愈烈，不光是大手笔的买东西，还专门喜欢拿到学校去炫耀，在同学中造成了很不好的影响。孙老师还批评了瑞瑞，告诉他："作为学生应该以取得优异成绩为荣，以过度消费为耻"。瑞瑞听后很羞愧，他感到在同学中抬不起头，可又一时克制不住自己长期养成的消费习惯，只得跟父母说："以后别再给我那么多零花钱了。"父母听后也觉得孩子其实是被自己给误导了，本想不再给瑞瑞零用钱了，却又觉得，瑞瑞平时在生活上确实有一些需要花钱的地方。比如购买学习用品，或者买吃的。所以就改为每周只给瑞瑞购买生活必需品的钱。

从瑞瑞的事例可以看出，父母对子女的关爱和孩子的零用钱没有直接的关系，如果让孩子随意花钱，那就会使孩子轻视金钱的价值，也不会意识到金钱的来之不易。引导孩子理智消费，父母要从小就注意培养孩子理智消费的习惯，从小就注意培养孩子的财商，使他们顺利度过成长的阶段，养成理智消费的习惯，为将来走向社会打下基础。在这方面，有的孩子就做得很好。他们在买东西时，通常会多参考几家，反复比较，然后决定哪一个是自己最需要的，最后还要考虑价钱才购买。而大多数的孩子很少有这样的习惯，他们一般看到自己喜欢的东西会马上买下来，从来不会考虑买这件东西有没有必要，价钱是否合适等，这就是没有做到理智消费。无论家庭条件是怎样的，一定要引导孩子理智消费。

父母可以参考下面的建议。

建议一：家长要控制孩子持有的零用钱数额。

无论家庭条件是怎样的，一定要控制孩子的零花钱，根据孩子具体而合理的需要决定数额。这里有两个需要坚持的原则：一是必须保证孩子最基本的需要，不能出现不够用的情况；二是要使孩子手中的钱有所剩余，这样能为孩子的储蓄创造条件，孩子处理起来也会比较灵活。

建议二：家长可以跟孩子一起购物，同时教导孩子树立正确的购物理念。

带孩子一起去购物，要告诉孩子一定要根据实际的需要做到计划购物，用好手中的每一分钱，做到没用的东西坚决不买。在选择这种

151

方法之前，家长自己要严格控制自己的行为，然后再引导孩子。

建议三：让孩子学会正确支配零用钱。

现在的孩子对花钱都没有节制，每个月的零用钱都很少剩下，更不用说储蓄了。家长可以帮助孩子制订一个消费计划，起到一个监督和约束的作用。坚持几个月，孩子就会养成好的消费习惯。

要培养孩子形成理智的消费习惯，让他们具有善于管理金钱的头脑。合理限制孩子们的消费并不是不关爱孩子，引导孩子理智消费，只有好处，没有坏处。如果孩子养成良好的消费习惯，就会避免铺张浪费的问题出现，不会购买一些昂贵而且对自己又没有多大用途的"废物"。做到理智消费不仅使孩子得到必需的东西，而且还会使他们养成勤俭节约的美德，有利于孩子树立更理性更成熟的理财理念。

家长要注意"金钱奖励"这种方式

古人云："重赏之下，必有勇夫。"赏罚分明虽然可以让人激起积极进取的力量，但有时也会让人产生唯利是图的利己观念。

近年来，很多父母教育孩子的过程中都效仿国外家长，采用付酬做家务方法，根据孩子的劳动情况，付相应的报酬。凡事有利也有弊，孩子通过从事有偿的家务劳动，首先能赚取钱财，或者是得到其他物质奖励。能够收获一份喜悦，能够逐渐培养出独立能力，并且学会劳动，逐渐改变懒惰的生活习惯，还能促进身体的发展，提高生命力以及大脑的活力。但是，为使孩子的思想沿着正常的轨道发展，有偿的家务劳动对孩子的成长也有不利的因素。当孩子习惯了付出劳动就能得到相应的报酬，他就会认为只要劳动就一定有回报，包括家务劳动，不会养成热爱劳动以及助人为乐的道德品质。金钱与所有的付出挂钩，孩子就会养成拜金主义，凡事向钱看，有时候孩子为了得到更多的金钱，说不定会做出过激的行为。

聪明帅气的田田现在读小学五年级。最近，他每到周末都会去地下通道吹长笛，他不是去练胆，而是赚取零用钱。其实田田家经济条件还不错，而且父母给的零用钱也不少，他从来都不乱花钱，到底是怎么回事呢？

田田在很小的时候就学习长笛，成绩也不错。有一天他放学经过地下通道，发现有一个跟自己年龄差不多的男孩子正在那儿弹吉他赚钱，于是他就想自己为什么不能发挥自己的特长赚钱呢？这样既能锻炼自己赚钱的本事，又能练习长笛演奏和胆量。后来，田田就开始了"卖艺"生涯，但是没有告诉爸妈。不过路过的一个邻居，还是把这事告诉了田田爸妈，他们可着急了，不明白孩子究竟为什么这样做。后来在田田放学后，家长跟田田说可以通过家务劳动来代替卖艺。懂事的田田说："没有必要呀，家务劳动是我应该做的呀，本来就不应该付钱，难道爸妈养活我是为了赚钱吗？呵呵，放心吧，我知道该怎么做。"田田明白家务劳动不能用金钱衡量，只想通过自己的劳动来锻炼自己，值得所有的孩子学习。家务劳动是锻炼孩子的一个好机会，父母应该科学利用起来。金钱只是一个督促因素，不能将它和孩子的付出挂钩。

虽然付酬的家务劳动能让孩子明白金钱都是来之不易的，但是相比优良道德品质的养成，就显得不那么重要了。孩子既然是家庭一员，承担一定量的家务劳动是他的义务，不要用物质奖励作为诱饵。即使要做，也要适度，不要每次都将金钱作为交换条件。用劳动换取金钱没有错，但是劳动是有区别的，如果是一般的家务劳动就不要

153

付酬。

父母还可以采用以下方法，对"金钱奖励"问题加以区别对待。

方法一：不要将金钱与正常家务劳动联系在一起。

孩子承担必要的家务劳动是理所应当的，这是每个家庭成员的义务。当孩子有能力后，就让他自己去做一些力所能及的家务。如每天收拾自己的房间、倒垃圾等家务完全没有必要与报酬挂钩。并教导他们，一个好孩子一定要具有为家庭、为社会积极奉献的精神，这是一种高尚的品格。

方法二：偶尔付酬会调动孩子的积极性。

每过一段时间，奖励孩子一次，调动劳动积极性，让他意识到付出总是会有回报的。比如家长每隔一段时间对房间进行大扫除和在院子里的除草活动，可以让孩子也参与进来，并准备一些孩子喜欢的玩具，或学习用品以及零用钱等，作为报酬奖励。

方法三：帮助孩子寻找其他赚钱的门路。

让孩子做一些家务劳动以外的事情，然后得到相应的金钱报酬，体会父母劳动的艰辛。如收集家里的废旧品卖钱，或者将自己看过的书、玩过的玩具放到网上卖，既不浪费资源又能让孩子从小有赚钱的意识。

当孩子能够识别出价值交换和尽义务之间的微妙区别时，他们的价值观也在渐渐树立，他们健全的人格也将逐渐形成。这将使孩子既能适应社会价值交换的基本规则，又能避免他们形成唯利是图的心理。在自食其力的同时，又具有无私的公益意识。

让男孩学会承担财务责任

父母们为孩子的成长努力创造各种条件，为他们规划未来，希望他们能够成才，但是很少教育他们要承担必需的责任。孩子们作为一个独立的个体，他们必须承担一些责任，比如说对自己的财务负责，对整个家庭的财务负责。

孩子们从小就在祖辈和父辈的呵护下成长，从来不缺衣少食，完全以自我为中心，在这个环境下长大的孩子是否想到自己应该承担的各种责任，有待思考。要想使孩子能健康成长，并且将来能取得成就，那家长必须加强对孩子责任感的培养和教育。

前面已经提到过金钱以及理财能力的重要性，那就必须注意培养孩子承担财务责任能力。孩子们都有自己的零花钱，他们首先要对自己负责任。孩子也是家庭一员，他们对整个家庭是有一定的义务的，不能只是一味地索取，必须要对自己的家庭负责，包括财务问题，这都是孩子们必须做的。

通过一些有效的方法培养孩子承担财务责任的能力，能使孩子对自己的财务状况有一个基本的了解，能更好地利用它，使它的价值发挥到最大。孩子承担家庭的财务责任可以为家庭贡献一份微薄的力量，这既是和父母沟通的一个好机会，也是锻炼孩子处理重大问题的机会。

父母最需要给孩子的不是数不清的金钱，而是教给孩子怎样利用金钱，如何使金钱真正作用于自己的生活。孩子承担一定的财务责任还可以使他们远离"坐享其成"的人生观念，能使他们对自己的行为负责任，只有这样的人才能在社会上立足，并实现自己的理想。

孩子们知道自己应该承担一定的责任，使命感就会萌生，对于如何做人也会有自己的想法，孩子各方面的能力就会得到完善。所以无论家庭条件是怎样的，记得让孩子承担一定的财务责任。

小松在十岁以前的生活可以说是"锦衣玉食"，一家人非常和睦。

可是，没有哪个人永远都是顺利的，小松十岁那年，爸爸的公司破产了，不仅家中的积蓄全部赔进去了，而且还欠了几十万元的债务。一家人谁也不能承受如此大的打击，所有的人都开始消沉了。

明智的妈妈刚开始也是不能接受这个残酷的事实，但在事实面前只能默默接受。经过一段时间的调整，小松的妈妈终于重新振作起来，她不希望一个好好的家就这样毁了。

小松的妈妈把一家人都叫到一起，非常严肃地说："我们的家已经这样了，再悲伤也没有用了，只有靠我们每个人的努力了。从今天开始，每个人都要承担一份责任，包括小松，虽然你还很小，但是你也有责任。我们大家一起挣钱，挣多挣少都无所谓，只要你努力了，那你就为这个家尽力了。自己的零花钱也要管理好，每个月不仅不能花完，还要想办法让它们升值……"

懂事的小松从来没有因为自己小就回避责任。他每天都会出去打工，而且总是那么卖力，生活上也非常朴素，从来不浪费一分钱，还养成了记账的习惯，每一笔收入和支出都记得非常清晰。

经过较长时间的努力，家中的经济状况总算是有了起色。同时，经过这段时间的锻炼，小松学会了如何处理财务问题，也重视起了自己对家庭应负的那份责任。

小松的努力不仅为家出了一份力，更重要的是学会了在逆境中成长，各方面的能力都得到了锻炼。小松的例子会不会引起家长的思索呢，又应该怎样做使孩子学会承担家庭财务责任呢？

建议一：家长先要使孩子对自己的零花钱负责。

孩子责任感的培养需要从小处着手，先让他们对自己的财务担负起责任，然后慢慢培养他们的责任意识，使他们有一个接受的过程，然后再把家庭的财务责任分担给孩子。父母要注意对孩子思想的教育，孩子只有从心理上接受，他们才会更好地、主动地去承担应负的责任。

建议二：把家庭的基本情况向孩子解释清楚。

要想让孩子承担家庭的财务责任，首先要把家庭的基本情况向孩子介绍清楚，使他们对自己的家有一个大概的了解，在此基础上要孩子承担责任，孩子就会有一个心理基础，从而使他们按照自己的方法去做该做的事。

建议三：家长加给孩子责任时要量力而行。

孩子的承担能力是有限的，不能要求孩子去完成他们根本完成不了的任务，如果强加上去，一点儿好处都没有，反而会给孩子造成一些负面的影响，他们会逐渐逃避责任。

孩子有义务承担财务责任，这不仅是他们成长过程中的一部分，也能锻炼他们的能力，为了孩子的未来，不要再宠着孩子们了！

不妨让男孩尝试分期付款

分期付款是在第二次世界大战以后逐渐发展起来的一种付款方式。在当时的社会条件下，分期付款只是用于机器以及大宗物品的购买上，随着时代的变化，分期付款的范围扩大了。孩子们也可以采用分期付款的方式得到自己想要的东西。

我国的金融市场以及人们的消费习惯发生了很大的变化，分期付款的方式得到大部分消费者的认可，人们将它用于各个领域，给人们的消费带来很大的便利。

随着大家对分期付款认识的深入，父母也可以将它引入到我们教育孩子的体系中，这也是一种教育孩子、培养孩子管理金钱能力的方式，大家都可以尝试一下。

每个孩子都有自己的零用钱，这些零用钱的数目一般会多于日常情况下的开销，这就为分期付款提供了物质基础。当孩子想得到某样比较"昂贵"的物品时，而这笔花费恰恰没有在计划范围之内，这时候就可以采用分期付款的方式。

当孩子想要某样物品时，比如说一双名牌鞋，偏偏家长也没有这个计划，那就可以建议孩子采用分期付款的方式，具体的方法有很多。家长可以先把孩子想要的鞋子买回来，然后每月从孩子的零用钱中扣除一部分，直至扣完鞋子的花费。还可以建议孩子每月从零用钱中拿出一部分，等筹够鞋子的钱后再去购买。

这种方式使孩子更加珍惜这双来之不易的鞋子，也会明白金钱的意义，逐渐养成合理消费的习惯以及理财观念。由于分期付款有一个间隔期，在这段时间内，孩子还可以考虑自己的要求是否合理，有可能会改变自己意愿，这也就避免了浪费的发生。

总之分期付款的好处很多，让孩子逐渐接受这种时尚的方式也是有一定意义的。

李雷今年已经读初二了，这正是孩子们喜欢攀比的年纪，李雷也不例外。有一次，班中的一位同学穿了一双耐克的篮球鞋，一直在同学们面前炫耀，李雷很瞧不上这位同学，不就是一双名牌鞋吗，没有什么了不起的。后来，李雷感觉心理越来越不痛快，心里一直想：为什么他有名牌，而我却没有呢？

于是，李雷就等妈妈下班。妈妈一进家门，李雷就赶上前去替妈妈拎包，笑着跟妈妈说："马上运动会就要来了，您看是不是给我添置点儿什么新的东西呀，我的那些运动服都穿了挺长时间了，班里的人都在换呢，您也考虑考虑？"

其实就在那几天，李雷的妈妈也一直琢磨着给孩子添点儿新衣服呢，结果孩子先开口了，教育孩子的机会来了。

"李雷，你的运动服挺多了，还是别买了吧。"

李雷听了这话当然不愿意了，但是又不能反驳妈妈，不说话了。

这时候妈妈说："你想要也可以，不过费用你得出一半，从零花钱中按月扣除，另一部分妈妈出，你觉得怎样？"

李雷想了想，反正每个月的零花钱都有剩余，那就买吧！

过了几天，妈妈带着李雷把他喜欢的运动服给买回来了。从那个月以后，李雷的零花钱每个月也减少了20元。虽然零花钱少了，但是李雷依然很高兴，自己想要的东西拿到手了，妈妈也是很满意的。

家长不要认为让孩子分期付款就是难为孩子，这只是锻炼孩子的一种手段，对孩子有很大的教育意义。同时，这也是一个让孩子提前接受新事物的机会，孩子会在这个过程中学到很多东西。

建议一：家长要向孩子灌输分期付款的思想。

孩子的理解能力有限，首先要让孩子明白分期付款到底是怎样的一个概念，在此基础上采用这种方法。分期付款的好处要向孩子介绍清楚，受益的只有他们自己。

建议二：家长要把分期付款使用在正确的地方。

并不是孩子想要的所有东西都要采用分期付款的方式，一定要分清轻重缓急，不能一概而论。对孩子来说并不是特别重要，或者不是马上需要的东西可以采用这种方法。

建议三：家长要保证孩子有一定的偿还能力。

孩子的零用钱必须能保证他们的正常开销，或者是孩子有能力、有时间去创造财富，这些都是非常必要的条件。此外，还要教育孩子合理使用自己的零花钱，养成勤俭节约的习惯，这样一来，家长和孩子都会比较轻松。

　　分期付款的方式可以逐渐培养起孩子自我管理钱财的能力，使自
己成为金钱的主人，而不是金钱的奴隶。

第八章
逆商培养，人生成败关键在于战胜逆境

让男孩拥有坚强不屈的信念

　　信念是一种意志，是一种心态，信念的力量是无穷无尽的。对于孩子来说，在生活或学习过程中，无论遇到多大的麻烦，无论遇到多么强势的竞争对手，信念的存在都会让他充满力量、充满激情地去克服困难，赢得对手；相反，如果孩子没有坚定的信念，甘拜下风，那么等待他的结果只能是失败。俗话说"狭路相逢勇者胜"，可能就是这个意思吧。

　　所以，无论遇到了什么样的情况，都要心中有信念，坚定自己的信念，去为自己的理想奋斗！人生需要信念，需要勇气，需要毅力。只有信念坚定的人，才能拥有玫瑰的芬芳，夺取胜利的桂冠，创造生命的奇迹，就能够翻开生活新的一页，开始美好、绚丽的篇章。

　　两个中学生，一个男孩儿，一个女孩儿。这两个中学生在一次偶

161

然的机会中共同认识了一位生物学家。这位生物学家告诉他们，有一种叫做"白头叶猴"的动物，仅在我国广西有 200 只，现在人们打算去了解它们生活的习性，以保护这些野生动物。结果，这两个孩子就有了一个理想——利用这几年暑假的时间去跟踪调查白头叶猴。

到了广西，环境十分艰险，茫茫的原始森林是野兽和虫子的天堂，这两个孩子每天在睡觉之前都得先抖抖被子，看看里面有没有蛇；早晨起来先抖落抖落脚上的鞋子，看看有没有蝎子。

这种白头叶猴是很难看到的，有一些老猎人一辈子都没有看到过，所以他们的"追踪"行动进行得很辛苦。有一天他们太累了，这个女孩儿一屁股坐在地上，她突然觉得不对，觉得腿刷刷地有东西在爬，原来她坐在了蚂蚁窝上……

这种事他们遇到过许许多多，但是他们始终没有放弃自己的理想和信念，决心一定要研究出白头叶猴的生活习性，一定要保护我国仅有的这两百只白头叶猴。

连续三年的寒暑假，这两个孩子都在大森林里度过的。几年以后，这两个孩子的论文在美国纽约的世界少年科学大会上获得了一等奖。男孩最终考入了清华大学，女孩考入了北京大学。

理想往往比现实更美好，更令人向往，值得追求，但是，实现的过程却是残酷而艰难的，好在他们始终没有放弃，他们坚持下来了，所经历的磨难使他们愈加坚强，愈加刻苦，愈加卓尔不群。那么家长如何建立孩子顽强不屈的的信念呢？

一、为孩子建立强大的内心。

作为家长，首先，一定要督促孩子树立远大又符合实际的目标，如：在我们做功课时，制定一个计划，重视对孩子非智力因素的培养，培养孩子形成坚韧的品格，战胜自己的惰性、胆怯、骄傲，自觉磨练自己的意志。其次，对于孩子来说，在自身的成长过程中，必然会不断地体验到两件事：成功和失败。如果孩子遇到了失败，家长要鼓励孩子坚定自己的理想，走出失败的阴霾，并告诉孩子，失败和挫折都是在所难免的，"有志者事竟成"，只要有恒心、坚持不懈，就一定会成功，一定会迎接一个美好的春天，光明的未来。

二、鼓励孩子锲而不舍的坚持。

信念是人们心中的希望，它能唤起人们对美好事物的向往，激励孩子百折不挠地追求人生的理想。在孩子的成长经历中，会遇到许多的困难和坎坷，只要我们具有小草那种品质和精神，绝望之云终会驱散，希望之花将会常开。小草，生命之绿燃着对阳光的信念，生命力顽强地穿越黑暗，破土而出，经历风霜雨雪的冲刷，展现着一个个生命的信念。家长必须告诉孩子，人不会一辈子都一帆风顺，唯一可做的就是坚定信念，永不放弃。

明确地指出坚定的信念对于孩子的人生是多么重要，信念是孩子前行的灯塔，拥有它，孩子就可以摒弃杂念、排除障碍、勇往直前。因此，家长应该培养孩子坚定信念，让孩子向着目标前进。

自制力是男孩抵御诱惑的铜墙铁壁

面对五彩缤纷的生活，文化的繁荣、物质丰富的现代社会，每个孩子都会面临诱惑，成功者之所以成功，就是因为他们能够约束克制自己的冲动，抵制住"糖果"的诱惑。因此，让男孩在眼花缭乱的洪流中，正确认知周围的一切，摒弃好奇，拒绝诱惑，而不致让他们因学业负担过重，厌学情绪强烈，沉迷于电视、电脑之中，更有甚者，走向了吸毒、抢劫的不归路。增强男孩的自控心理，可以帮助他们抵御外界的种种诱惑，保持心灵上的坚定与纯洁，更有利于他们的健康发展。

这周六就是浪浪的奶奶六十大寿了。晚上浪浪要完成他的任务——画一幅水彩画像，这是浪浪答应给奶奶的生日礼物。

爸爸和妈妈在客厅里看电视。浪浪来到自己的房间。找了半天才找到彩笔。浪浪刚要开始画画，可他又发现水彩画像的纸还在客厅里，便赶紧去拿。

就在拿画纸的时候，浪浪想起今晚有自己最喜欢看的动画片。画完成了一半，浪浪就怎么也静不下心了，想告诉爸妈明天再画。浪浪犹豫地走到了门楼，他不敢开口，因为他和爸爸已经约好了今晚画水彩画像，明天去公园。浪浪眼睛看着电视，靠在门框上犹豫不决。这时候，他又看见玩具坦克上的闪灯掉了，这可是自己的新玩具，于是浪浪又莫名其妙的拿起坦克开始修理。妈妈几次想制止，被爸爸叫住了。他知道儿子正在打一场仗，胜负事关重大，对手就是自己。

浪浪修坦克时发现妈妈不停地看着他，他想起了还没有完成的水彩画，可是，坦克马上就可以修好了，浪浪犹豫了一下继续修理。

还有一个小时，就到浪浪睡觉的时间了，但他仍然在画案前和门边踌躇。"要是还不去画画，就别画了吧！"爸爸有点生气地转身看着儿子说。

"那可不行，我答应奶奶了，就得做。"浪浪有点矛盾，在门后说。

"可是你再这么走来走去的，时间可就来不及了。你差不多该睡觉了。"

"要不——"浪浪想了想，"要不你们在外边把门锁上吧，那样我就出不来了！"

于是爸爸答应儿子关上了房门。浪浪果然没有再出来。电视看完了，爸爸妈妈走进了儿子的房间，浪浪刚好完成了自己的画。爸爸妈妈相视一笑，儿子不仅完成了一幅画作，还完成了他人生中的一次自我挑战——他终于学会了自己抵制玩具诱惑了。

浪浪的故事也许在孩子的成长过程都会遇到，如何让男孩拒绝诱惑、抵制诱惑，专注投入学习和事情，成了每个家长都关心的问题。

一、家长要要多关注孩子。

由于家长大部分时间都用在工作上，缺乏与孩子的交流与沟通，孩子找不到沟通的对象，沉重的学习压力会逐渐击垮孩子稚嫩的心灵，孩子就会寻求酗酒、香烟、毒品等方式麻醉自己，从中找到解脱。

作为家长，应该放下架子，与孩子交心地谈一谈，加强孩子的自我辨别能力，让孩子理智地看待生活中的压力，找到适合的方式缓解压力，比如听音乐、郊游、跑步，与儿子一起谈论理想、未来等，增进相互之间的了解和理解，帮助男孩更健康的成长。

二、家长应帮助孩子正确地选择。

首先，家长给孩子制定相应的计划，来一步步的提高孩子自己的控制能力。家长对孩子的学习应该多加提醒，让孩子掌握学习方法，也要培养孩子的生活能力，锻炼孩子在各方面能力的提升。

其次，家长应该让孩子结交好的朋友。有些家长会担心孩子被坏朋友带上歧途，于是，就限制孩子的自由，不让孩子交朋友，这样就会退化孩子的交流能力，使孩子更加的孤独。其实，交一些朋友会扩大孩子的人际圈。所以，家长应该在理解孩子的基础上，鼓励、引导男孩交朋友，交好的朋友。

家长不仅应该让孩子拥有聪慧的大脑，更要让孩子建立强大的内心，抵制诱惑。

激励小男子汉跌倒了及时爬起来

现在的小孩，无论遇到什么情况，都希望在家长的保护下解决这些问题，从来没有想过要自己面对，当孩子逐渐走向社会，就会遇到各式各样的失败，如果孩子不能及时地站起来，就会产生厌恶心理，丧失意志力，逐渐地消沉下去，被困难一下子绊倒。

傍晚，王先生带着九岁的儿子石石去公园散步，一不小心，被石头绊了一下，跌倒了，石石就放声哇哇地大哭起来，路过的几个学生准备将石石拉起来，王先生阻止了他们，并且鼓励孩子自己爬起来。结果石石不一会儿就站起来了。生气地撅着小嘴，在一旁的爸爸微笑地看着石石擦破的手掌，笑着说："还在生爸爸的气啊，爸爸给你讲一个故事，好吗？"毕竟是小孩子，石石马上就放慢了脚步，等着爸爸的故事。王先生讲道：

一次，拿破仑外出打猎，刚经过一条河，就听见一个落水者在呼救。拿破仑见他在水中扑腾，却不往岸边来，于是马上举起猎枪瞄准他，说："喂，你要是再呼救，而不向岸边爬，我就开枪打死你。"那人听了，吓得忘记自己不会游泳，使劲用力向岸边游来。经过多次的挣扎，那人终于靠自己的力量爬到岸上。一上岸，就气愤地责问拿破仑："你为什么见死不救，还要开枪打死我？"拿破仑从容答道："我不吓唬你，你自己还不在水中淹死。现在你至少懂得：一个人可以自己救自己。"

石石听完了故事，问："爸爸刚才是在学拿破仑吗？那我刚才是自己救得自己啊，哈哈。"他得意地笑了起来。

王先生补充道："儿子，你知道吗，在日本，一个摔倒了的孩子是不会接受任何人的帮助，他会努力地自己站起来。他们认为这是一个人的自信和尊严。"石石若有所思地说："我知道了爸爸，我也要做这样一个孩子。"

现在的孩子都生活在蜜罐中，从小就缺少了受苦的环境，更不用说拥有顽强的意志力。有的就如石石一样，在前进的进程中摔倒了，在家长的鼓励下站起来，但有的孩子却没有石石的信念，遇到挫折与失败就会一蹶不振，这时家长如何培养孩子的抗击挫折的能力呢？

一、让孩子自己站起来。

首先，家长需要把世界还给孩子。正确认识孩子摔倒后的情况，如果孩子能自己站起来，父母就让他自己站起来，反之，父母应该帮助孩子。这样，会提升孩子的抗挫能力，在孩子成长中，挫折会磨练孩子的意志力，提高孩子的自信心，让孩子更好地走向生活的对岸。其次，孩子面对挫折敢于迎接困难的良好心态，不是与生俱来的，而是通过后天生活逐渐地积累起来的。家长积极、客观、冷静地对待孩子在生活中遇到的各种困难，心平气和地鼓励孩子，沉着地迎接困难。

二、培养孩子的自信心。

首先，家长要舒缓孩子的压力，在孩子遇到困难时，提醒做几次深呼吸。比如，参加比赛，注意比赛中的细节，正常发挥，用平常心态迎接，并鼓励孩子参与比取胜更重要的信念。其次，讲解一下在处理困难中需要注意的问题，这样会增加孩子的自信，不胆怯地去看待事物。最后，最好常常带孩子去"远足"，定期让孩子"当家"。这样有利于孩子的自信心培养。

三、让孩子正确地看待失败。

失败并不可怕，可怕的是失败会打垮孩子的兴趣，家长这时要锻炼孩子愈挫愈勇的精神，表扬孩子在困难中的表现，让孩子一次又一次吸取失败中的教训，掌握成功的诀窍，重新定义孩子脑海中的失败。

总之，作为父母要让孩子感受到不仅是慈爱和鼓励，更为孩子迎接困难铺设了一层基石，这种基石一层层的铺垫起孩子人生的舞台，跌倒了，不能哭，坚强地自己爬起来，一次次的磨炼，会成为困难打不到的男子汉。

适当让男孩吃点苦，对他有利无害

现在的家庭条件优越，家长就会更加疼爱孩子，渐渐培养了孩子衣来伸手、饭来张口的习惯。这样的人很难适应社会迅速的发展，更不能为社会献身，为他人造福。这样的人只能够满足于自己的成功和幸福，心理永远不会成熟。生活的意义并非逃避吃苦，而是在于从受苦中学会应对生活的能力，做生活的强者。

强强是一个独生子，在家里，家人十分疼爱强强，什么事都不让他干。虽然强强的学习很好，但身体却十分的娇弱，平时家里人总宠着他，身体稍微不适，就请假不去上学，一个学期下来总要请几回假。时间长了，强强就养成了习惯，请几次假也无所谓，反正自己学习好。有时明明什么事也没有，他却要求不上体育课，原因是"跑步太累"；帮爷爷拿个凳子上楼，强强也喊累。于是，越来越娇气，像个小病秧子一样，成了家人的心病。

有一次，强强妈妈和乡下的亲戚说了这件事，谁知乡下亲戚笑着说，他有办法让孩子不再娇气。这乡下亲戚说，自己的孩子也是小时候身体单薄，但是在孩子放学、周末回家只要做完作业，家人就让孩子参与家务劳动甚至是一些重活。现在，孩子既能吃苦学习又好。妈妈觉得这位乡下亲戚说得有道理，应该让强强吃吃苦头了。

一次周末放学时，突然下起了毛毛雨，强强打电话叫妈妈送伞。妈妈告诉强强正在开会，去不了，让他自己回家。由于爸爸又出差了，强强只好在学校等妈妈，他以为妈妈会像往常一样开完会就急匆匆的赶来，结果，那天妈妈一直也没有出现。无奈的强强只好和同学打一把伞回家了。

回家后，妈妈让强强帮忙做饭，强强不肯地说："我很累，我要歇会儿！"妈妈没有多批评，但是第二天晚上，妈妈下班回来就故意不像往常那样马上钻进厨房，而是坐在沙发上喊："哎呀，上了一天班，累死了，腰酸背痛！"强强家没有阿姨，过了很久，强强见妈妈没有动静，忍不住跑过来问："妈妈你今天不做饭啊?"妈妈理直气壮地说："我累!""可你是妈妈啊!""妈妈也是人，凭什么妈妈就得任劳任怨，你就可以懒洋洋的什么也不干?"

这句话把强强问住了，他脸上露出了惊愕的表情。妈妈趁机说："每个人生活在世上都要承担一定的责任。我是妈妈，我再累也要为你洗衣、做饭，你已经上初中了，也应该帮助妈妈做一些力所能及的事情。"强强接受了妈妈的批评。

后来，妈妈特地给强强安排任务，比如擦地板、吃完饭负责洗碗、刷马桶等。当强强脸上流露出为难情绪时，妈妈就想办法给予鼓励和肯定。渐渐地，强强的劳动习惯被培养出来，每天放学都会帮妈

169

妈煮饭，吃晚饭后争着抢着洗碗，还学会了照顾自己和爷爷。原来那种娇气的行为也渐渐地不见了。

家长如何锻炼孩子的吃苦精神呢？

一、家长应该扮演好自己的角色。

首先，家长应该知道，孩子过多的娇气多半是来自于家长的疼爱、过于娇惯造成的。如果缺少了撒娇的土壤，孩子就会坚强起来。家长要认识到娇惯孩子带来的恶果，及时发现并认清孩子娇气的表现，对症下药，就可以把孩子娇气的毛病改掉。

其次，不要一味地替孩子承担，应该由他们自己负责的事情，应该放开手让他们自己去承担。即使行为有所偏差，也要让孩子承担自己行为的自然后果。要组织孩子品尝生活的真实滋味，不要过度担忧孩子"吃苦"、"吃亏"，不要过度保护孩子，而是要放开手让孩子在风雨和浪涛中锻炼、成长，应该由孩子收的"罪"，就让他们自己去受，或许这将是孩子最大的财富。

二、劳动是改变孩子娇气的好办法。

劳动可以锻炼孩子的身体素质，增强孩子生活、学习能力，也是孩子获得生活自信心的基本条件。为了抑制孩子娇气，家长可以给孩子安排一些难度稍大一点点的劳动任务，并鼓励他去完成。开始，家长最好能跟孩子一起做，以便随时指导，比如家庭大扫除、做饭、擦地板等，等他们学会之后，可以让他们自己做。到了寒暑假里，还可以安排更多的劳动任务，以提高孩子的劳动能力。

意志薄弱、不能吃苦、习惯于享受，实质上是孩子惰性心理的反映，它会直接影响孩子今后的生活，家长除了用生动、形象的语言教育外，直观、具体的行动更能潜移默化地发挥重要作用。从整个过程来说，让孩子克服不良习惯，使其得到统一、健康、和谐的发展。

锻炼男孩坚忍不拔的意志力

狄更斯说："顽强的毅力，可以征服世界上任何一座高山。"坚强的意志力能充分调动孩子的积极主动性，在后天的生活学习中，有效地加强孩子耐心锻炼，有助于孩子不断的成功。当孩子遭遇挫折时，坚强的性格会帮助孩子穿越障碍，一步步让孩子成熟起来，健全孩子的身心和生活。

磊磊自幼比较努力，学习成绩总是名列前茅，因此爸爸妈妈也不用过多的操心。但他从小体弱多病，所以体育成绩一直都非常差，本来可以通过自身加强锻炼来增强体质，可他总借口累，而没有坚持。

有一次体育课，老师让同学们一千米长跑，在准备活动中，磊磊还没坚持五百米就被所有同学甩在最后面了。归队的时候，总感觉同学门在嘲笑他，心理非常难受。

放学后，磊磊将自己的心里的苦闷讲给了妈妈，妈妈了解了整个过程后，温柔地说："孩子，你完全可以通过锻炼，将体育成绩和身体素质都提高上去，这样你就再也不会在体育课上够丢人了。"

磊磊听了妈妈的鼓励以后，下决心一定要把身体锻炼好，不能再像小病猫蜷缩在温室里了。于是，每天早晨，他都要对着镜子对自己说三遍"我要坚持"，然后就不论刮风下雨，每当他想放弃的时候，都会默默地对自己说："我再也不是病快快的小猫咪了，我要坚持!"这种锻炼和激励成为一种习惯的时候，磊磊发现自己已经很久没有感冒过了，即使跑完一千米，也不会像以前一样气喘吁吁，而且学习更有精神了，一点不会觉得枯燥和烦闷。

但有的孩子却没有磊磊的毅力，面对孩子这种情况，心急如焚的家长如何在这个过程更好地引导孩子坚持不懈地奋斗呢？

一、树立一个好榜样。

培养孩子积极向上的情绪，让孩子学会克服困难和把握自我的能力，从而激发孩子的积极性和自觉性，树立坚定信念。在家庭教育中，父母应该是孩子的榜样，只要家长以身作则，孩子缺乏毅力的问题就迎刃而解了。

培养孩子的毅力，不管任何事情，父母都要体现出榜样的力量，这是对孩子最有效的教育。要想孩子在潜移默化中学会坚持，仅仅以身作则是远远不够的，还不能用粗鲁、强硬的方式，强迫孩子继续他们要放弃的事情。家长可先制定小的计划及时奖励孩子取得的成绩，不断增强孩子的毅力。

二、让孩子体验成功的喜悦。

培养孩子克服困难的毅力，与他们能否感受到战胜困难的成功喜悦关系密切，孩子只有在不断克服困难获得成功的喜悦中，才能逐渐养成克服困难的习惯。家长要以自身的经验，启发孩子进行多种思考，教会孩子一些行之有效的技能技巧，帮助孩子克服学习和生活上的困难。有必要时，适当降低学习的难度和要求，也不失为一种好方法。例如，有的孩子学习有障碍，家长就根据实际情况，降低要求，使其获得成功，在成功的基础上再逐步提高，这也能培养孩子战胜困难的勇气。

生活中，每个孩子都会有自己的目标和方向，方向选对之后，毅力就显得尤为重要了。有的孩子能够按照目标持之以恒地努力，结果成为成功的人。有的孩子三天打鱼两天晒网，做什么事都不能坚持，结果一生平庸甚至失败。因此，毅力是孩子做事和成才的基础。

三、告诉孩子再试一次。

孩子的承受能力有限，当他们遇到挫折的时候，肯定会产生放弃的想法，父母一旦发现这个苗头，一定要鼓励他们别停下来，再试一次，下个路口也许就是事情的转折点。就是这样一次次的"再试一次"，孩子终于能够正确地面对挫折和失败了。以后的成长之路中，他们肯定会遇到很多同样的情况，家长和孩子都要记得说一句"再试一次"。

现代社会正突飞猛进地向前发展，面对不断变化的世界，授之以鱼，不如授之以渔。教会孩子拥有坚忍不拔的意志力，让孩子不怕生活中的困难，到达人生光辉的顶峰。

懂得自律的男孩更容易融入社会

孩子成长的过程中，自律的好坏是决定孩子后天生活的一项基本能力，不论从情绪、感情、行为都占有重要的地位。如果孩子具有较强的自制力，那他就会按照自己的思维，采取一切积极的措施达到自己的目的。在行动的过程中，孩子还会抑制那些阻碍目标实现的不良情绪以及行动。缺乏自律的孩子对自己的行为不加约束和控制，甚至是为所欲为，这时候若再缺少父母的管教，这个孩子就一定会出问题。自律是一个人成功的必要条件，可是孩子通常不善于控制自己的行为，这就需要父母加以引导。

八岁的男孩童童今天在学校里又闯祸了，他下课时在教室里踢起了足球，结果把教室的玻璃窗打碎了，打碎的玻璃划伤了一位同学。老师第一时间找了童童家长来学校。虽然同学伤得不重，但却把老师和童童吓得够呛。童童虽然聪明，但是却特别淘气，一直以来都并不太遵守纪律。

看到家长从学校回来以后坐在沙发上沉着脸不说话，童童知道这次自己闯祸闯的有点严重了，他主动承认了错误，对爸爸妈妈说："爸爸妈妈，我知道错了，我不该不遵守纪律在教室里玩足球，伤到了同学，这太危险了。以后我会改正毛病的。"一直板着脸的妈妈看到孩子认错，看看了丈夫，意思是孩子知道错了就可以了。这时候爸爸说话了："你在学校一直都不遵守纪律，这几年学校的门槛都快被我们踩烂了。你知道吗，一个不懂得自律的人，是不会有太大的发展的，最起码他无法成为一个优秀的人！"妈妈说："童童，你以后要听话，要学会遵守学校的纪律。你知道错就好了，这次的事就这样吧。"可还没等她把话说完，爸爸就严肃而认真地说："不行！犯了错就要承担后果和责任，你现在就去写一份检讨，一会儿念给我听，然后明天到学校交给老师。另外，作为惩罚，你这个月的零花钱取消了。我这么做就是为了让你记住这件事的教训，希望你以后能学会自律，不再让我们失望。"

听到爸爸严厉的"惩罚决定"，童童看了看妈妈，这个惩罚对他来说确实有点太严厉了，不过他知道爸爸说了的话是不会改变的，于是低着头回房间写检查了。

在幼儿园中听课的孩子，估计没有几个是稳稳当当坐着的，有的会像"童童"一样，经不住足球的诱惑。自律是每个孩子都应具备的，这是他们成功的先决条件。这种能力的培养不是一蹴而就的，父母应尽早培养孩子的自律能力。而且要和孩子共同努力，不下功夫是不会有效果的。那父母如何培养孩子的自律能力呢？

一、合理的惩罚。

合理的惩罚是教育辅助手段之一。从家长教育方式上来说，合理的惩罚是正当的教育行为。这样会帮助孩子学会自律、学会自我约束：使孩子明白做什么事是不对的，为什么要坚持下去，什么事情做不得，应该怎样改正，帮助孩子建立自信：教会孩子自己学会判断，做决定，增强他们的承受能力，锻炼他们的意志。

二、惩罚中必须注意一些问题。

首先，家长在惩罚前后，必须和孩子沟通，让孩子搞清楚自己的行为到底是对的还是错的，帮助孩子懂得行为和后果之间的关系，并且让他们理解惩罚的意义，随时注意帮助孩子学会自我约束，要教孩子学会控制自己的情绪和行为。所以，与孩子的交流是必要而且是重要的。但要保护孩子的求知欲和好奇心。

其次，孩子在成长的过程中，自律能力发展缓慢，而好奇心和求知欲却发展十分迅速，在这种情况下，过失就容易出现。如果不注意保护孩子的求知欲和好奇心，那么教育成效就可能远离了施教的初衷。

最后需要注意的，也是最重要的，就是尊重孩子的人格。在惩罚教育孩子过程中时刻清楚地认识到：惩罚是针对孩子的违规行为，而不是对孩子本身；惩罚虽以教育目的为前提的，切勿体罚和变相体罚孩子，这样容易造成孩子心理上的阴影。

孩子是祖国的花朵，如何让孩子灿烂地绽放，作为家长，不仅要精心呵护孩子的成长，更要关注孩子在成长过程中自律能力的培养，坚强地抵制成长中的诱惑，在鱼龙混杂的社会生活中，立于不败之地。

家长放开手，男孩才会独立

随着孩子年龄的增长，孩子就会有自发脱离父母的束缚的那种思想萌芽，尝试着渐渐独立，家长应该意识到社会需要独立、自主、创新型人才。独立，会让男孩子适应社会的发展，准确地判断和解决困难，从容地应对问题。

涵涵从三岁起上幼儿园，从离开家人开始，妈妈就让他每天自己乘电梯下楼到单元门口去取牛奶。一开始涵涵挺高兴，觉得自己很有本事了。渐渐地，他对这种锻炼失去了兴趣，尤其是到了冬天，外面呼呼地刮着大风，涵涵就不乐意了。妈妈说："天气冷了，风大了，送牛奶的叔叔就可以不送牛奶了吗？妈妈是不是也不用上班了？你不去幼儿园行吗？"涵涵就歪着小脑袋想了一会，妈妈的话也对呀，天冷有什么可怕呢，于是就穿着厚厚的衣服下楼去拿牛奶了。

有一个星期天，涵涵实在不想起床，跟妈妈说自己好困好困，如果一定要去就让妈妈抱着。妈妈说："如果送牛奶的叔叔也说困，也想着让妈妈陪着，或者是不起来送牛奶了，那涵涵还有牛奶喝吗？妈妈也困，如果不起来做早饭，那你还能吃上早饭吗？这是自己该做的事，不能因为有了困难就不去做。"懂事的涵涵觉得妈妈说的很有道理，还是爬起来去拿了。后来，涵涵再也没有出现过"意欲罢工"的行为。

正是妈妈的这种不陪原则，鼓励涵涵自己的事情自己做，才一步步培养出涵涵这样能独立做事的好孩子。

一、在现实生活中一点点灌输独立的意识。

很多家长可能会觉得，孩子还不懂事，能做能想的事情还很少，等孩子大些再开始着手培养。其实这种想法是不对的，孩子虽然还小，但是他已具备独立的能力和基础，一定要尽早培养。

如今的孩子大多是独生子女，如果家长过分溺爱，不给孩子独立的机会，孩子就会久而久之产生依赖心理，造成孩子自制能力差，依赖性强，意志力薄。因此父母一定要想办法创造这样的机会，做到不时时陪伴孩子，替孩子包办一切，而是鼓励他们自己去玩、去思考、去探索，允许孩子独立参加户外活动。

从家务劳动开始家长怕孩子累着，或者怕耽误孩子学习，根本不让孩子做任何家务。其实这耽误了最佳的教育机会，孩子在家务劳动的过程中能学到很多东西。做家务学的不是方法，而是正确对待劳动的态度。

高度重视孩子并积极培养孩子的独立意识，从解决"依恋问题"开始，保证他们成人后能够拥有健全的自我独立精神。最初可以让孩子自己安排时间，并答应按时完成学习任务后有游玩的奖励。在日常生活中，我们一定要注意传递给孩子这样一些概念：你是一个独立的人，你的生活把握在自己手中，家长也拥有自己的事业和生活，而你自己的事情应该自己去完成；父母不是万能的，有的时候，家长根本帮不上忙。

二、要求孩子自己的事情自己做。

孩子自有孩子的生活空间，家长应该让孩子在属于自己的生活空间里自由发展，每个孩子都有争强好胜的心理，家长可以利用这一点，经常鼓励孩子别人能做的事，你也能做。以此培养孩子的自信心。

该放手时就放手，相信孩子有能力做好。对于那些娇宠惯了的孩子，开始也许还不太习惯，做事会丢三落四，没有章法，家长不能着急，千万不能代替孩子去做，而是教会他们怎样做，中间的技巧和陷阱，孩子只要进步，家长就鼓励"你真棒"、"我们孩子真能干"，让孩子实际体会自己的事情自己做的乐趣，体会成功的喜悦。

三、鼓励孩子参加社会实践活动。

常带孩子参加丰富多彩的社会实践活动，有利于孩子独立精神的培养。让孩子参加夏令营、文艺汇、志愿活动、有奖竞猜，不仅会锻炼孩子独立的性格，更能让孩子发现自身价值，提升自信。

培养孩子自主意识时要有耐心。培养孩子的独立生活能力是一项长期、繁琐、细致的工作，所以进行这项工作，家长应有耐心。例如，教孩子自己穿鞋，系扣子，家长要先教给孩子正确的方法，耐心观察，还要及时地鼓励，耐心地帮助。从生活的一件件小事培养孩子的独立生活的能力。

对家长来说，应从小培养孩子独立生活的能力，让他们过多的接触生活，逐步增强独立能力，反之，如果孩子处处都依赖家长，完全适应不了社会的发展，最终将会被社会淘汰。

第九章

学习力培养，让孩子领悟知识的无穷魅力

男孩爱学习，首先要对学习感兴趣

常言道：兴趣是最好的老师。现在很多男孩从小就被娇生惯养，普遍都很任性、贪玩，很难静下心来学习。家长往往拿孩子没办法，时间长了家长甚至以为"自己的孩子不是学习的料"，感到对孩子很失望。其实，男孩不爱学习的现象很正常，这说明，有些孩子的学习能力并没有被真正激发出来。

今年夏季的作文班刚刚开学，上小学二年级的男孩小宇在家长的要求下去补习作文。其实小宇心里并不情愿，因为他作文的成绩一直非常不好，总听不懂老师教的那些语法内容，他一上写作课就打瞌睡，总对这些提不起兴致，作文成绩回回都不及格。他怕同学笑话，也怕家长责怪。带学习班的王老师看出了小宇这种复杂的心理，在一次上课之前，并没有急于讲课，而是先拍拍小宇的头问道："你喜欢

179

听童话故事么？"小宇马上露出笑容说："喜欢"。于是王老师娓娓动听地给小宇讲了一个童话故事，并对他说："这次的作业，就是每天看一篇老师发的一本童话故事集，看完之后，你可以用自己的语言给老师讲故事，写在日记本上好不好？"小宇很高兴地接受了这份作业，回家认真读了几篇故事，激发了写作文的灵感。

孩子不爱学习，归纳起来有以下几种原因：

原因一：认为学习的内容晦涩难懂。

孩子觉得，老师教的那些课本知识让他们感到陌生，因为有些内容，跟他们平时接触的现实生活无关，所以会有排斥心理。

原因二：不知道学习的目的是什么。

孩子在学习上比较懒散的一个根本原因就是，他们其实从来就是在盲目的、被动接受知识。并没有人跟他们明确地说过，学习这件事对其自身的发展有什么决定性的作用，以及为什么学习。

原因三：没有掌握有效的学习方法。

大多数孩子不懂得，在学习大量的知识之前，应该先去研究最简便、有效的学习方法，所以学习效率低。长此以往，孩子就会失去信心，从而带来厌学情绪。

原因四：贪玩好动，认为学习枯燥乏味。

大部分孩子都是爱游戏多过爱学习，认为游戏比学习有趣。所以家长一提到让孩子去做功课，他们就带着非常反感的情绪，硬着头皮学习，把学习当做任务完成。

所以，并不是孩子们不想上进，而是这些因素导致他们对学习失去兴趣，令他们无法把注意力放到学习上。基于这些误区，家长要帮助迷茫中的孩子增强对学习的兴趣，不妨试试以下三个方法：

方法一：先深入的了解孩子喜欢什么。

有的男孩从小就喜欢用彩绘笔画漫画，有的喜欢讲故事，有的爱唱歌，有的喜欢探索自然现象等。家长应该先找到孩子先天的特长，再根据这个特征，去帮助他们选择今后主要想从事的职业方向，从小就培养他们的一技之长。

方法二：让孩子通过发挥特长来建立信心。

没有人是天生就爱学习的，有些人的能力在童年就得到了肯定，在这种正面的心理暗示下，才渐渐明白，不断的学习会使他的各方面都能获得增益，于是就开始萌生对学习的喜爱了。所以家长要让孩子参加一些专门技能的比赛活动。比如参加绘画比赛、奥数比赛、作文比赛等。

方法三：让孩子从浅尝辄止到深入研究。

启蒙教育的开始阶段，其实是比较难起步的。因为这个时候的儿童，没有深入学习的体验，又天性爱自由，在学业上就容易出现只图新鲜、不求甚解、敷衍学习任务等负面现象。而对各种学科走马观花式的学习，是不容易有成就感的，孩子也就无法发自内心地爱学习。可以根据他们的特长，来启发孩子专门研究某一类学科的知识。当他了解这类知识比较深入以后，自然会在知识的沉淀中安静下来，慢慢地会从浅尝辄止到习惯对事物深入研究，乃至喜欢展开对所学课题的讨论，表达自己的观点。

方法四：寓教于乐，把枯燥的学习变得生动有趣。

大多数男孩总是喜欢回避繁重的学习功课，把心思都放在了玩上。所以对天真的儿童来说，硬性灌输的强制性方式是不适宜的，要根据他们年龄的阶段，来因地制宜地去制定教育计划。在他们喜爱的游戏中引导学习，就是非常实用有效的方法。比如上生物课时，带领孩子亲近大自然，根据书本的指导，去研究一些昆虫的习性和种类；或者组织学生用英语编排一些经典戏剧、小品来进行表演；去博物馆参观"四大发明"之类的文物和一些现代科技成果，这些都将启迪他们对科学的追求和研究的兴致。

孩子承载着社会的未来，家长和老师要激励他们，不断培养他们对学习的兴趣，在学习中迸发出智慧的光芒，对他们未来的人生都将大有帮助。

要想学习好，注意力不能少

俗话说："只要功夫深，铁杵磨成针"。男孩要想在学习上"磨杵成针"，取得优异的成绩，就需要具有长时间保持专注的学习能力，但由于他们具有活泼好动的天性，大脑发育还不够成熟，很难把注意力长时间放到一件事情上。这些先天特征和薄弱环节，使孩子无法把整个身心全力以赴地投入到学习中去。

飞飞是个聪明伶俐的一年级小男孩，他每周都要参加各种课外班，比如美术班、书法班、电子琴班、英语班等等。孩子表面上忙得不可开交，可飞飞的爸爸最近总感觉，儿子不过是心不在焉地听讲。每次去接他的时候，都看到他摇头晃脑地跟小朋友说悄悄话，或者在座位上玩。结果回家仔细一问，其实飞飞什么具体内容都没有学会，只听个走马观花。一个学期下来，看着孩子收效甚微的学习成绩，飞飞父母傻眼了，开始担忧起来。心想这孩子看上去不但聪明且反应快，却为什么比同龄的小朋友学习成绩差很多呢？后来，张老师通过观察孩子的课堂状态，向飞飞父母道出了问题的症结，其实是因为飞飞学习时不够专注，甚至很难完整地听完一节课，才出现了这种情况。

飞飞的情况，是男孩在接受早期教育中普遍存在的现象。父母如果不明就里，一味地硬性灌输，是得不到好效果的。应该先去跟他们进行交谈，深入地体察孩子的具体情况，细心地去查找导致孩子专注力差的根本原因。

原因一：当孩子在听自己不喜欢的学科时。

孩子总是对他们感兴趣的事物，才会真的去用心思索。如果遇到他们认为枯燥乏味的课程，就会产生排斥心理，导致不能专注听讲。

原因二：当孩子听内容晦涩、不好理解的课程时。

孩子的思维方式很简单，不太容易接受成年人的那种思想模式。当他们不适应这种模式时，就无法领会教学内容的含义，导致学习不专注。

原因三：当孩子在做那些需要投入大量时间才能完成的作业时。

孩子的耐心跟成年人相比，毕竟还是很有限的。如果需要处理的作业过多，他们就会很快产生疲倦和厌烦心理，导致学习不专注。

由于儿童的身心还在生长发育中，所以各方面的能力都还很薄弱。家长在发现孩子出现这类问题的时候，不应以成年人的标准去衡量他们，更不要对他们灰心，应针对他们的年龄特征积极客观地想对策。

家长要培养和提高孩子学习的专注力，不妨试试以下几个策略：

方法一：与孩子的思维同步。

要在交流中向孩子教授知识，渐渐地做到跟他们思维同步，这样就能在孩子将要分神的时候，及时地把他们的思绪带回到课题上来。还要多掌握一些儿童心理学的知识，这样才能在传授知识的时候，知道孩子在什么时候是什么心态，思维导向是什么。

方法二：让孩子树立遵守规则的观念。

孩子的天性是自由、散漫的，要让他们懂得：放任自己，不肯专心学习，就无法获得成功。要想学业有成就必须克制自己的惰性、加强约束力、一鼓作气、克服万难，才能取得好成绩。

方法三：排除干扰孩子学习的其它事物。

有的时候，其实孩子主观上想好好学习，却因为客观原因，听课的状态才受到了干扰。比如附近有噪音，或者孩子想参加某些课外活动，无法专心致志地学习。如果孩子学习不专注是这类原因造成的，就应该先让他们尽情地参加课外活动，释放他们多余的体力和想法；然后创造好的学习环境，让他们在释放过后，可以安静地听课。

方法四：从孩子感兴趣的课题开始教。

想提高孩子的专注力，不能操之过急。可以先从他们比较喜欢的、内容比较浅显易懂的课程开始教起，比如让他们观察大自然的动植物、观测天文、做卡通类的工艺品，等等。这样就能大大提高孩子的专注力。当这个能力渐渐养成后，再进一步去开一些更深入、更复杂的文理课程。

传统教育中"两耳不闻窗外事，一心只读圣贤书"的学习精神，对现在的孩子仍然适用。孩子只有保持全神贯注、专心致志地听课状态，才能有效的学习科学文化知识。

生活作息有规律，学习才有保障

孩子从小学到大学的学习过程，是个任重而道远的事情，需要循序渐进。有的孩子在学习中仅靠一时的热情，平时非常懒惰不肯学习，只喜欢在临考之前，搞"临阵磨枪"的突击性补习。因此学习成绩时好时坏，而在这种不稳定的学习状态下，学业的进步是得不到保障的。

苗苗是个刚上初中三年级的男孩，因为初一、初二的功课内容比较浅显，他又很聪明，所以苗苗过去的学习方式虽然显得很随性，却一直都在班里排前十名。但上了初三以后，由于学习进度开始加快，学习内容开始加深，他才发现，过去靠耍小聪明的学习方式，使他掌握的知识不够系统；记的具体内容也很不扎实，导致自己开始感到很难听懂数学、英语等课程的复杂内容，每天的学习进度也变慢了，显得很吃力。同时他看到那些仍然保持前十名的同学，一如既往地在不紧不慢的学习节奏下，平稳地加快着学习的步伐。于是苗苗在感到这种无形的竞争压力后，开始试图追赶。每天精神紧张的他，经常熬夜学习到凌晨一点，结果第二天上课的时候感到头晕目眩、精神萎靡，白天大段时间，他都用于趴在课桌上打瞌睡、空想和发呆，对课程干脆听不进去……

其实苗苗的这些情况，是很多中学生普遍遇到过的问题，那么这种不规律的生活方式会导致哪些方面的危害呢？

危害一：男孩做事好冲动，缺少耐心，不规律的生活方式将给身体状况、学习成绩造成较大的起伏。

危害二：学习很盲目，学习的逻辑次序容易混乱，甚至无法有效地进行下去。

那么怎样才能使孩子的学习成绩得以保持呢？家长可以教会孩子使用以下方法安排生活作息。

方法一：让孩子根据自己的情况统筹安排计划。

学习也像打仗一样，要有目标和策略，要先让孩子明确自己每个阶段的学习目标，同时要统筹安排学习生活。比如了解需要克服的学习障碍大概有哪些，哪些学科是自己薄弱的环节，需要专门补充；哪些学科是自己的强项，可以专门深入研究一些拔高的题，以拿到更好的分数；哪些体育项目是自己擅长的，哪些是需要加强锻炼才能达标的；或者自己由于高度紧张导致睡眠不好，需要多久能把睡眠调节好。根据这些实际情况，来安排周、月、学期、总体及各个环节的生活学习计划，在保持住一定成绩的基础上再提升。

方法二：制定日常时间表，合理安排生活起居。

让孩子根据学校课程的安排和自己生活的起居，来制定作息时间表。比如早晨起床时间，中午休息时间，晚上睡觉时间，每天的上课时间，课后的复习时间，一日三餐的时间，体育活动的时间，生活娱乐的时间，购买生活和学习用品的时间等。把每周要做的这些具体的事情，都划分出相对固定的时间模块，轻易不去打破这种有节奏的生活轨迹。

方法三：保证充足的睡眠时间，不搞疲劳战术。

有的男孩喜欢把课业压到半夜才去做，牺牲睡眠时间来保证完成学习进度。结果发现学习、生活都因此进入了恶性循环，既学习不好，也休息不好，事倍功半，得不偿失，学习成绩持续下降。其实无论学习怎么忙碌，都不应该以牺牲睡觉时间、破坏睡眠为代价，只有保障了充分的休息，才有耐力长期、稳步地完成学业。

方法四：饮食有规律，不暴饮暴食。

每周的饮食都要有相对固定的食谱，并合理搭配。比如有的孩子在吃上很随性，刚吃完油腻就吃生冷；或者一段时间天天吃荤，一段时间天天吃素，一段时间天天吃零食；或上顿吃的非常多，下顿吃的非常少，甚至有时干脆不吃饭。这些不良习惯，会使孩子的胃肠消化系统紊乱，甚至在学习的关键时期，因消化不良影响了学业。要防止这种现象则应食量适度，冷热荤素搭配，多吃主食，少吃零食，食谱相对固定，保证均衡摄入蛋白质、维生素等营养。

所有事物都有其运行规律，如果轻重缓急失度，或因顾此失彼而偏废，就会导致生活学业一团乱。孩子在学习生活中要有条不紊、循序渐进，学业上才能够步步为营，取得稳步上升的好成绩。

培养爱读书的男孩，加强自身竞争力

古人云："书中自有黄金屋"。因为书籍是历史的写照和知识的宝库，所以博览群书是孩子成才的必经之路。当代的社会环境是复杂且多元化的，男孩容易被喧嚣的闹市和浮华的社会风气所熏染，因此，孩子能够不被环境影响，有爱读书的好习惯就更显得很可贵。

李先生的儿子小伟是个初中一年级学生，他过去除了上课以外只喜欢踢足球，很少看书。有一次学校组织了知识竞赛，李先生看到儿子的很多同学都在滔滔不绝的用广博的知识回答各种问题，而小伟却傻傻地愣在那里，当听到一些同学提出的见解时，他只会随声附和，根本没有自己的思想可以表达。很显然，其他孩子都在背后用功，并掌握了很多种科学文化知识，而相比之下，儿子比同龄人掌握的知识少很多。李先生心想，如果在这个阶段就与其他孩子的学识差距这么大，那以后儿子怎能在社会竞争中有一席之地呢？所以从那以后，他就试图想办法培养小伟读书的习惯，却发现想让懵懂的儿子突然养成这种习惯，其实并不容易。虽然小伟自己也希望像其他优秀的同学那样见多识广，但李先生由于在这方面没有经验，所以还是不知道应该从哪里下手指导儿子读书。

很多父母认为，只要孩子学习成绩好就可以了，不应该看课外书，那样会影响学业。所以，当孩子看一些所谓的"闲书"时，大多数家长都会横加干涉，很容易忽略孩子的阅读需求。其实，读书对孩子的发展有十分重要的作用。

第一，读书可以帮助孩子储备科学文化知识。

在知识爆炸的年代里，孩子如果没有一定的知识的积累，是很难胜任今后激烈的社会竞争和本职工作的。

第二，读书可以填补孩子在接受教育中的缺失。

由于有的父母本身学识不够，在言传身教上无法满足孩子求知的需求，所以通过读书可以填补这部分缺失。

第三，读书可以拓展孩子掌握知识的领域。

学校所教的是常规的学问，是学生分内的事，而普遍阅读则是对孩子知识宽广度的拓展。

以上几点都说明，多读书是孩子取得优异成绩的保障之一。所以，家长要帮助孩子加大阅读量，培养他们的阅读习惯，可以从以下几个方法入手：

方法一：让孩子充分认识到知识的力量。

要多带孩子去看一些科技展览，比如在军事、航天、电子等领域最先进的科研成果和产品等，让他们通过对事物的观摩认识到，只有掌握了先进的科学文化知识，才能客观地认识世界，并运用科技的伟大力量，去为社会创造价值。

方法二：启迪他们的求知欲。

儿童是单纯而无知的，无法懂得读书的重要性，他们需要家长给他们指引出一条光明的道路，比如周末的时候可以多带他们去书店逛逛，或者参加一些书友会的活动等。这样时间久了就会在孩子的内心种下爱看书的种子。

方法三：让他们懂得学以致用。

读书其实并不是以纸上谈兵为目的，而是要运用这些学问去做事，所以要先让孩子了解读书的具体作用，他们才会主动去读书，比如读一些空气动力学的书，让他们自己动手做飞机模型来实践这些理论。这样做，会使他们有成就感，进而对科学产生浓厚的兴趣。

方法四：给孩子创造读书环境。

比如为他们设置专门的书房，让他们从小养成把图书分门别类的好习惯，并让孩子收集他们所喜爱的那种类型的书籍。让他们沉浸在书香里，这样天长日久，耳濡目染，可以提高修养，增长见识，充实头脑。

方法五：每天安排固定的阅读时间。

为了从小就把读书的习惯融入到孩子的生活中去，成为他们不可或缺的一部分，就要在每天的流程上专门规定出几个小时的读书时间。这样可以让孩子渐渐养成习惯，比如规定每天看几章，积跬步而行千里，才能看到孩子在学识上有明显的进步。

方法六：向孩子推荐对他们身心健康有益、对学业有所促进的图书。

书籍的种类有很多，既然是引导，就要让孩子有选择地阅读，比如科普、励志、世界史、世界地理、文学、生物类等书籍。

书籍是孩子的良师益友，在社会竞争日趋激烈的时代里，不学习就等于倒退，能够博闻强记，主动加大阅读量的孩子，必然在学习上成为同学的典范，在考试中也能够由于"读书破万卷"而"下笔如有神"了。

第九章 学习力培养，让孩子领悟知识的无穷魅力

为男孩营造良好的读书氛围

中华民族有着优良的教育传统，孟母三迁的故事更是深入人心，是当代家长学习的典范。家庭是社会的细胞，社会离不开家庭。孩子最早的教育也来自家庭，因此，浓厚的家庭学习气氛对孩子来说至关重要。家长是孩子的第一任老师，是家庭环境的创造者，家长对孩子的个性和心理形成具有重要影响，这种影响是潜移默化的，且深刻而持久。

吴女士的儿子安安是个刚上小学的孩子，虽然天资聪慧，但是最近学习成绩一直不好，还总抱怨说在家里学不进去。吴女士开始不以为然，后来当她发现，安安一到复习时间就习惯性地"开小差"，彻底没心思学了的时候，才开始着急起来，后来经过跟孩子沟通，吴女士才明白了安安学不进去的原因。其实并不是安安不想学习，而是因为家里的房子只有一室一厅，空间很小，吴女士平时喜欢找些朋友来打麻将，嘈杂的打牌声和家长里短的谈话声让孩子没法静下心来看书，反倒因为耳濡目染，把打麻将的技术学的很熟。当吴女士知道是因为自己作为家长不称职，耽误了孩子的学业时，开始认识到了问题的严重性，于是她就开始跟丈夫商量购买新房，扩大居室面积，想为儿子专门设置一个书房。同时也决心为了孩子的前程，自己停止打麻将这类娱乐活动，还买了一些书籍，每天陪安安一起学习。结果在这种熏染和鼓舞下，安安的学习成绩不断提高。

那么家长应怎样为孩子也为自己营造出一个浓厚的家庭学习氛围

呢？总体来说应做到两个方面：一是需要硬件建设，比如，购置必备的书籍、报刊、电脑等；二是需要软件建设，比如，确立终身学习的先进理念，培养良好的学习习惯等。尤其是后者，对家庭学习氛围的营造，起着重要作用。

营造浓厚的家庭学习氛围，可以采用以下几个方法：

方法一：家长要以身作则，为孩子树立榜样。

家长是孩子的第一任老师，家长可以教孩子第一句谎言，也可以教他做一个诚实的人；家长可以教孩子做一个自私的人，也可以教他做一个善良无私的人；家长可以在孩子的心里种下暴力的幼苗，也可以在他的心里撒上爱的种子。教育专家认为，一个人6岁之前所受到的教育会影响他的一生，因此家长要以身作则，每天都要用一定的时间看书、看报、加强学习，营造浓厚的家庭学习氛围，或者跟孩子一起学习、游戏等，而不是在孩子学习的时候看电视、搓麻将。教育子女最生动、最具体、最有效的方式，就是家长的言传身教。模仿性强是儿童的显著特点之一，当大人潜心阅读或写作时，身边的孩子便自觉或不自觉地受到感染，往往也会拿一本书，煞有介事地去阅读，或找来纸、笔一本正经地涂画。因此，家长首先应该养成勤奋学习的良好习惯，每天都要挤出一定的时间有计划地进行学习，孩子会受到这种学习气氛的熏陶，有助于孩子形成积极向上、刻苦学习的学习态度，也更容易培养孩子的学习兴趣。

方法二：要善于跟孩子交流，建立温馨和睦的亲子关系。

如果家长能与孩子平等对话，孩子对家长能够尊重、体谅，那么两代人的代沟就可以跨越，心灵上就会产生双向互动。因此，不管是家长还是孩子都要关心对方的个人发展、家庭发展和生活学习，以此来实现家庭情感的互动功能，营造温馨的家庭学习气氛。

方法三：帮助孩子逐步转变和完善学习观念。

帮助孩子完成从"为生存而学"向"为自我完善而学"的学习观念的转变，增强通过学习才能开发自我潜能、自我价值和更好地为社会的意识，使学习成为生活中不可缺少的一个组成部分。在观念正确的基础上，培养孩子良好的学习习惯。比如培养他们读书、写字的习惯，同时培养他们在一定时间内有目的地从事某项活动的习惯，即加强对孩子注意力的培养。

古今很多优秀的人才，都是从小生活在书香门第的知识分子家庭。而 21 世纪更是一个全新的信息时代，是一个深刻变革的时代，是一个需要终身学习的时代。在这个时代背景下，也出现了一种新的家庭模式——学习型家庭，即家庭成员共同学习、互相学习、共同成长，这种模式已渐渐成为有远见的家长们的一种共识。

男孩"多动"不是病，家长不必过度紧张

《三字经》中有两句话："养不教，父之过，教不严，师之惰。"中国父母传统的观念往往认为，作为家长有责任严厉管教孩子，好孩子应该听话、守规矩；不听话、没有规矩、太贪玩，就会被认为是"多动"。

"多动"在多数家长眼中是一种负面评价，然而实际上，"多动"并不代表这个孩子是个坏孩子。相反，一个性格比较"野"的孩子，往往拥有创造思维，能够想他人所未想，做他人所未做的事，并善于从游戏中寻找乐趣，开发思维。所以，父母不要总是希望自己的男孩做一个听话、乖顺的孩子。正如美国心理学家斯托奇所说："不要幻想所有孩子都是你眼中温顺的羔羊。很难想象一条大河中只有中规中矩的舒缓，没有湍急和咆哮会是什么样子。逾越规矩、桀骜不驯是充

满想象力的美妙"。

欢欢是个学龄前儿童，他从小就被寄养在外地，在条件允许之后，家长才把他接回去。从上幼儿园开始，欢欢就经常与别的小朋友打架，上课还不认真听讲，常常一下课就跑出去疯玩。老师因为他难以管束，多次向他的家长提意见。父母很头疼，为此他们已经给孩子换了好几个幼儿园了，但几乎每次都遭到千篇一律的投诉："你们家的孩子太野了，我们管不好他！"

面对老师的投诉，欢欢父母没有盲目指责儿子，而是认真分析儿子的表现：欢欢是因为年龄小，注意力还不够集中，所以管不住自己。

对于孩子打人的行为，欢欢父母还是比较重视的。开始时，他们向欢欢讲道理，告诉他打人是不对的。后来又教他，遇到问题要学会用语言去表达，而不是用肢体动作去表达。随着欢欢的语言表达能力的慢慢提高，打人的行为慢慢减少了，但他依旧喜欢疯玩。

尽管如此，欢欢的成绩并没有因此而落后。相反，由于喜欢动手，他设计的很多富有创意的小发明，还常常成为同学之间的展品。所以，欢欢的父母根据他的情况，还有限度地"纵容"了他的"多动"。

欢欢的家长很善于区分孩子"多动"的界限，对欢欢无伤大雅的"多动"不予约束，对欢欢有损品质的"多动"及时采取措施。这样的教育方式极有利于孩子的成长。"多动"是有一定限度的。如果孩子喜欢去伤害他人，就要引起注意了。这种"多动"是孩子缺乏界限、缺乏同情心的表现，因此，也要注意管束。父母必须甄别这二者之间的差别，才能把握好哪些方面要放手让孩子"多动"一点儿，哪些方面需要加以控制和约束。

为了防止孩子成为一个人云亦云、甘于盲从、缺乏创造力的角色，父母应该鼓励孩子做个活跃的孩子。适当的活跃有利于充分提高素质，敢于在师长面前刨根问底，敢于表达自己内心的真实想法，增强思维的广泛与深刻，并具有强烈的民主意识。不要凡事要求孩子听话，抑制孩子的天性，那么，父母应该怎样培养孩子做一个活跃的孩子呢？

建议一：家长不要限制孩子的娱乐活动。

让孩子远离玩耍，不但会扼杀孩子的天性，也剥夺了孩子的快乐。因此无论在什么时候，都要鼓励孩子每天抽出足够的时间来玩。孩子玩的过程，往往是进行有效学习的过程。强迫孩子过早地埋头作业堆中，很容易导致孩子出现厌学情绪。

建议二：要尊重孩子作为自然人的独立自主权。

让孩子有一个自由自在的空间很重要。这样，孩子可以自由地安排自己的生活，并发挥自己的主观能动性，自己动手解决问题。能够在自己的空间里随心所欲的孩子，会拥有更大的创造力。

建议三：不要粗暴干预孩子私人活动的细节。

有些孩子可能会制造各种很大的动静，让人很心烦。这时候，如果父母冲着孩子大嚷："你给我安静点儿！"孩子可能会由于突然的呵斥而受到惊吓，严重的可能会留下阴影，导致他们下次不敢玩类似的游戏。而轻松对待则有利于孩子的成长："呦，宝贝，你怎么大闹天宫起来了？能不能小点儿声？"这样戏谑轻松的语气，会让孩子理解并能够更好地执行。

让孩子的天性和大自然相契合，会让孩子"多动"得更"和谐"，童年变得更快乐。

帮助男孩制定学习计划很关键

有句话叫"运筹帷幄之中，决胜千里之外"。无论做什么事一定要有个周密打算，这样才有可能取得成绩，如果没有一个合理的计划，即使很努力，也不可能会有一个好的结局。孩子的学习也是如此，没有计划的学习是盲目的低级活动，孩子平时的学习状态是随机、懒散的，成绩自然也就上不去。合理安排时间和各个时间段的具体任务，再加上自己的努力，将计划变为现实，目标也就实现了，学习任务也就完成了。家长要帮助他们在这个过程中逐渐锻炼学习能力，并养成良好的学习习惯，以提高学习效率。

小刚今年11岁，他活泼好动，精力总是很旺盛，学习劲头也是比较足的，可成绩总是不能让家长和老师满意。这到底是为什么呢，小刚的爸妈很是着急。其实小刚的学习时间非常随意，想起来就学一小会儿，高兴了就和朋友们出去玩。有一天放学后，小刚没有立刻回家，和班里的几个同学一起在学校操场上踢球。天黑了，这些满头大汗的孩子才结束球场上的拼杀。回家后，草草吃了饭，然后开始洗漱，当时小刚的爸妈也没有在意，他们还一直叮嘱孩子慢点，别着急。其实，踢了很长时间的球后，小刚有些累了，就想马上休息。上床躺了一小会儿，突然想起今天的家庭作业还没有完成呢，于是就赶紧爬起来，打开灯匆匆忙忙写起来。爸妈看到孩子房间的灯还亮着，想到孩子在刻苦学习，感到非常欣慰。可是他们不知道，孩子在回家前都干了些什么。

阶段测验的成绩出来以后，小刚的爸妈很是吃惊孩子的成绩，本来感觉挺认真的孩子，成绩怎么这样糟糕呢？

后来经过一段时间的观察，他们才发现，孩子的学习太随意了，根本没有一个目标和计划，长此下去肯定是不行的，于是爸妈就开始帮助孩子制定自己的学习计划。

经过一段时间的努力，小刚的成绩终于有了起色。

那么，孩子没有规划的盲目学习都有哪些危害呢？

危害一：由于孩子在学习前没有明确的统筹分配时间，导致学习过程中呈现出虎头蛇尾的现象甚至半途而废。

危害二：没有计划的学习状态，就像一团乱麻一样。孩子在这种状态下无法理清思路，就不能通过长期的学习掌握一系列完整的知识。

危害三：容易被别的事情中途打断，学习进度断断续续不够连贯。

聪明伶俐的小刚，本应该是在学习上成绩优异的孩子，可就是由于没有计划性，导致学习成绩不理想。可见科学合理的学习计划对孩子是非常重要的。可家长应该怎样帮助孩子制订科学高效的学习计划呢？

建议一：家长应对孩子的学习情况有一个深入的了解。

家长在帮助孩子制定学习计划前，一定要做到对孩子的全面了解，包括孩子实际的学习能力和基础水平，学习计划必须适合孩子的实际情况，制订计划时不能盲目进行，在全面了解的基础上再具体实施。

建议二：当孩子制订学习计划时，家长应提出建设性的意见。

有一个问题非常重要，那就是孩子学习计划的制定必须以孩子为主导，放手让他们自己去决定。家长只是一个辅助因素，不能强行加入自己的想法，强迫孩子做一些事，应该合理引导孩子。孩子的学习计划要有合理的时间和任务，不能超出孩子的能力，同时还要注意长期计划和短期计划的配合，把握好计划的可行性。

建议三：应该根据学习进度，不断修正计划。

孩子的实际情况，以及孩子的学习任务并不是一成不变的，学习计划应该从这些变化的因素出发，及时做出调整，适应实际情况。同时，家长还要注意孩子在制订计划后的学习效果，如果有明显的进步，那就继续按照计划进行，反之，必须做出合理的调整。

在孩子学习计划初定时期，有可能会出现没有依照计划实施的情况，这时家长不要过多责备孩子，让他们有一个适应的过程。

总之，制订学习计划非常重要。少年儿童还不具有足够的自控能力，来掌控自己的学习，家长应帮助他们在反复的学习实践中，不断修正和完善学习计划的内容，并渐渐学会分清学习中的主次以及先后逻辑次序。有了合理的计划，当学习遇到干扰时，孩子就会有条不紊地去逐个克服这些问题，学习能力会日趋成熟，学习效果也会不断提高。

告诉孩子打破常规，让思维动起来

从四大发明到工业革命，到电子信息时代，科学总是在一次次打破禁锢中前进的。而古今中外，但凡有大作为者，其不可或缺的一种精神就是勤学好问，并敢于提出自己的新观点。

为了培养孩子的探索精神，家长也要从小让孩子养成爱提问题的好习惯。探索精神是指孩子能够主动地研究、发现事物的某些规律、联系、属性的一种心理倾向。探索是孩子学习知识、发展能力的必要途径。要培养孩子不墨守陈规，敢于打破常规去思索的精神。这对于丰富孩子的精神生活，锻炼孩子的意志品质，激发孩子的学习兴趣等，都有着十分重要的作用。

某市的小华是一名中学生，他很喜欢提问，不问个水落石出绝不罢休。有一次小华父亲刘先生在辅导他的时候，讲到数学的一道例题，小华觉得，这个例题所用的方法太繁琐。心想：是不是还有更简便快捷的求证方法呢？但是按常规刘先生还是要求儿子在学习时，以书中的解答过程为准，第二天讲数学题的时候，小华就对刘先生说道："我对这道数学题有新的见解"。刘先生不高兴地说："你是个学生，在学习上，应该以书上的标准答案为准，不要胡思乱想，动不动就提问题，这样会影响以后的学习进度的！"小华却说："这不是胡思乱想，我通过反复的研究和演算，总结出了一个新的方法，可以得出同样的结果，但是要比书中的方法简便很多。"说完，就当面写出了他研究出的演算过程。刘先生认真看过之后，发现孩子打破常规得出的方法的确是对的，不由得开始反省自己在教育方式上是不是有些刻板和保守了，于是拉着小华说："你是对的，儿子，我为能有你这样一个勤于思考的好孩子而感到骄傲。"

通过小华的例子可以看出，通常无论是老师还是家长，都比较习惯于让孩子听从主流思维模式的硬性教导，并无条件接受一些约定俗成的思想，而往往容易忽略他们的创造力和想象力。那么怎样使孩子张开想象的翅膀，脱离这些思想窠臼的禁锢呢？可以借鉴以下几种方法：

方法一：家长要注意培育和保护孩子萌动的好奇心，启发他们的潜能。

好奇心是孩子学习兴趣的源泉，好奇、好动、好问、渴望通过自己的探索来了解世界是孩子的天性。比如，一个 3 岁的孩子常常会被家长拉着小手剪指甲，心里对指甲刀充满了无限的好奇。有一天，当他剥不开瓜子皮时，可能会想到用指甲刀去剪瓜子，这是孩子自己从家长为自己剪指甲的行为中总结出来的，认为这是可以帮助孩子剥开瓜子的最好方法。孩子通过自己的努力探索和实践，获得的成功体验，远比家长喂到嘴里的瓜子要香甜。所以家长要在孩子试图去实践这种想法的时候，给予肯定、鼓励和积极地引导。

方法二：为孩子打造开放性的学习环境，培养孩子主动去发现、探索科学的奥秘。

家长要尽量为孩子创造条件，让孩子学会独立探究。比如，孩子要认识和了解自然界的事物和现象，就离不开实践活动。大自然是学习科学知识的最好课堂，不要把孩子禁锢在家里，要鼓励他们到大自然中去探索环境的污染和保护、四季变化等。另外，家长还应对孩子的探究过程适当加以引导。这样，他们的兴趣会更加强烈，积极发现问题、总结问题的能力就会得到很大程度的提高。

方法三：帮孩子树立学习榜样，学习那些科学先驱们的探索精神。

科学教育不仅仅是科学知识的传授，还包含探索的过程和经历。给孩子适当介绍一些富有启发性的人类探索真理的历史，让孩子了解科学家所观察过的现象或所做过的实验，感受科学家思考过的问题和他们所遇到的困难，这既能激发孩子的求知欲、启迪他们的智慧，同时也能进一步培养孩子不怕困难和失败的探索品质。

当代的儿童是站在巨人肩膀上的新一代学子，他们既肩负了传承人类智慧的重任，也同时肩负着开拓未来的历史使命。所以培养孩子勤学好问的探索精神，是帮助他们完成这一使命的一项重要的教育内容。家长要让孩子从小就养成勤学好问的好习惯，在学习上遇到挫折时，不能知难而退，而是要学会对同一课题进行多角度、多侧面、多层面的思考和研究。

轻松学习，帮助男孩缓解课业压力

俗话说："望子成龙，望女成凤"。几乎所有的家长都希望自己的孩子能够出人头地，有所成就，为此，家长们常常想尽了各种各样的方法来培养孩子。很多家长为了能让孩子全面发展，适应未来社会激烈的人才竞争，在孩子很小的时候就为他们报了各种特长班、辅导班。殊不知，孩子的精力和能力也是有限的，过高的期望会给他们带来沉重的思想压力，使他们离成功彼岸越来越远。

今年读高二的军军学习成绩优异，家长对他抱有很高的期望。前段时间省里举行数学竞赛，数学老师要挑选班里的三位同学去参加竞赛，于是举行了一次小测验。数理化成绩向来优秀的军军在这次数学小测验中失利了，错失了数学竞赛的参赛资格。这使得军军的自信心瞬间崩塌了，他变得特别消沉，不断地问妈妈："我这么努力，却连一个数学小测验都过不了，以后该怎么办呢？"虽然军军的妈妈极力安慰他，但军军却耿耿于怀，常常自言自语："考试再失败该怎么办？高考考不好该怎么办？"军军似乎无法走出这次失败。

那次测试失败以后，军军虽然照常去学校上课，但人坐在教室里，心却早已飞到了九霄云外。脑子里一片混沌，老师讲的内容也全然不解。渐渐地，军军连学校都不想去了。他总幻想自己有一天可以再也不用背永远背不完的单词，做永远写不完的习题，再也不用看书看到半夜……父母平时对他的期望值过高，导致孩子的精神长期处于紧张状态，加之各种课业繁重的压力不断袭来，几乎使军军没有喘息之机，导致他产生了厌学情绪。

军军现在的厌学情绪，可以说是学校、家庭与自己三种因素互相作用的结果：学校唯分数是问，家长唯分数是求，军军唯分数是荣，追求高分数甚至成了军军生活的唯一目标。多重重压之下，他的心理、智能、意志上的承受力已经到了极限。

这种过度的学习压力一旦淹没了青春的活力，压抑了孩子快乐的本能，孩子的潜意识里积累的负面情绪便会发生"暴乱"。这种"暴乱"不但干扰了孩子自身的正常生活和学习，更容易让孩子用自毁的方式去报复家长施加给自己的压力，伤了家长的心，同时也毁了自己的前程。

为了防止这些负面效应的出现，家长应该细心地观察孩子每个时期的身心状况，以防患于未然。在教育方式上可以尝试采用以下几个策略：

策略一：帮助孩子正确认识升学考试的意义。

升学考试只是人生的拼搏机会，家长和孩子都不要压力太大。不管遇到怎样的挫折和困境，要让孩子相信自己的水平和能力，家长不能流露出迫切希望孩子达到自己期望目标的情绪，避免给孩子增加无形的压力，激起孩子的逆反心理。

策略二：适当调节孩子在不同时期的压力强度。

在孩子的学习过程中，如果负担过重，长期处于紧张状态，学习效果就会越来越差。因此，家长一定要改变那种"压力越大，效率越高"的错误观念。最好的方法是找到一最佳点作为标准，当孩子压力较小时适当增加压力，当孩子压力较大时及时帮助孩子缓解压力。

策略三：让孩子放松心情，并创造良好的学习环境。

孩子在学习中成长的过程，也应符合事物发展的客观规律，揠苗助长只会适得其反，家长应根据自己孩子的情况，采取积极有效的措施。既不能对孩子提出过多、过高的要求，也要设法帮助孩子按时完成任务。为了达到让孩子先放松下来的目的，可以先陪他们尽情地玩，比如定期带孩子游山玩水，参加一些休闲娱乐项目；或者让他们打打羽毛球，踢踢足球，让紧张的情绪得以缓解和释放。然后创造清静整洁的学习环境，让孩子在舒适的氛围中按部就班、不紧不慢地去学习。

机器如果经常超负荷运转也会失灵，所以一定不能让孩子长期处于过强的压力中学习，更不能在考试前力求速成，对孩子做杀鸡取卵的蠢事。家长对孩子的期望和要求，一定要把握好"度"，让孩子拥有一个良好的心态。适当降低对他们的期望值，为孩子"减压"、"减负"，并根据实际情况，帮助孩子树立一个力所能及的学习目标。只有懂得缓解他们的课业压力，才是让孩子稳步达到学习目的长久之道。

发现和发挥孩子的优势，他才会越来越出色

孩子的天赋是与生俱来的，这是他们人生中一笔巨大的财富，而孩子父母往往是发现这个宝藏的人。作为家长，一定要正确引导和培养孩子的兴趣，善于发掘孩子的特长。因为孩子所从事的事情，只有符合了他们的先天优势，才能引发出无限的热情，使其奋勇向前、所向披靡。

小科是一个聪明、调皮的小男孩，他今年8岁了，小科的爸爸是贸易公司经理，家庭条件比较优越。全家上下都视小科为掌上明珠，要什么给什么，想去哪玩就去哪玩，可以说是有求必应。这天小科下午放学回家，跟爸爸说，他最近喜欢上音乐了，特别想学钢琴。爸爸一听，觉得有点诧异，一向调皮的孩子怎么突然间变得这么上进了，于是就问小科："真的想学？真的感兴趣？"小科点点头说："那当然了，我的同学娜娜就在学，我也要学。"孩子对音乐产生兴趣，爸爸很高兴，赶紧为宝贝儿子买了一部最好的钢琴回来，还专门为他请了一个音乐学院毕业的钢琴老师。可是，小科没学几天就不想学了，而且告诉爸爸是真的不想学了。爸爸很生气，但也无可奈何，只好任由小科放弃了钢琴学习。

　　过了一段时间，小科又告诉妈妈自己想学画画，鉴于上次的经验，妈妈很严肃地警告他："可以学，但一定要坚持到底"。小科笑笑算是答应了，于是，妈妈为他选择了一个比较不错的美术辅导班。小科这次表现得很积极，每个星期天上午都会准时背好画夹，让妈妈送他去辅导班上课。这样，半年下来，小科几乎没有落过一节课。并且，在学校举行的绘画比赛上，小科的好几幅作品都得奖了。这让父母感到很高兴，后来他才告诉爸爸妈妈："我以为我也会喜欢弹钢琴。后来，我发现我真正感兴趣的是画画。"

　　通过小科的例子可以看出，能够发现孩子的特长是非常重要的，尤其是在当今竞争激烈的社会环境下，没有一技之长的人，甚至难以立足。实践证明，孩子能否发挥其特长，决定了他们做这件事是否有积极性，以及能否喜爱这类专业。事实上，只有对自己的本职工作无限热爱的人，才能成就一番大事业。

　　人的先天特征某种程度上决定了后天的导向，因此从孩子不加修饰的一举一动中，往往就可以看出一些端倪。那么家长应该采取哪些具体的措施寻找孩子的兴趣点和特长，又怎样帮助他们充分发挥这些优势呢？可以从以下几个方法入手。

方法一：帮助孩子找到他们的兴趣点。

兴趣是获得成功的前提，伟大的发明家，几乎每天都会在实验室夜以继日地辛苦工作，但是他们丝毫不以此为苦，反而感到其乐无穷。家长可以先让孩子广泛地参与不同门类技能的学习，再通过细心地观察他们的反应，找到孩子的兴趣点，就可以进一步确认他们的特长是什么。

方法二：鼓励孩子参加一些技能竞赛，在竞技中发掘潜能。

积极拼搏进取的精神，是孩子们不断探索这个"未知"世界的动力源泉，是开展各项活动的前提和保障。如果能在特定的竞技中取得好的名次，这将对孩子产生巨大的鼓舞，他们还会在竞赛中学会适应竞争的规则，收获友谊，并养成顽强的品质。在激励之下，他的主观能动性将得到充分的发挥，使他们即使在十分疲倦和辛苦的状态，也总能保持心情愉快、兴致勃勃；就算困难重重也决不灰心丧气，而是去想方设法克服它。这样久而久之，必定会把孩子先天的优势磨练成后天的才能。

方法三：家长可以适当地将孩子的兴趣与人生规划、职业设计联系起来。

其实现实中，很多孩子的特长往往成为了他成年后的职业。比如孩子喜欢游泳，但孩子并没有想到将来以游泳为职业，而家长就可以因势利导地积极创造条件，试着将他培养成一个职业游泳运动员。当然，仅仅把它当成一种业余爱好来培养也是很好的。

所谓"术业有专攻"。实践证明，能够掌握一技之长的孩子更容易获得成功。家长要懂得在尊重孩子自己意愿的基础上，根据孩子的兴趣及特长，理性地进行选择和培养他们。没有一个人可以在他不感兴趣和不擅长的领域里取得举世瞩目的成就。因此从这个角度看，孩子能否早日成材，关键在于家长能否早日发现并正确发掘孩子的那些与生俱来的过人之处。

第十章
自省力培养，帮助男孩远离危险禁区

避免男孩"学坏"，家长要掌握正确方法

常言道："近朱则赤，近墨者黑"。孩子本来是一张白纸，但如果成长过程中没有得到合理约束和正确的引导，后天的社会环境同样能使他们人格扭曲。

在当今资讯发达的社会里，各种不健康的事物也渗透到了校园，很多不良思想也在腐蚀着少年儿童。尤其是胆量大，且活泼好动的男孩，一旦交往了一些三不四的朋友，可能就会做出打架、敲诈、勒索等害人害己的事情。

有些男孩的家长认为自己的孩子聪明伶俐，接受能力强，应该让他们自由发展，所以在教育上采取比较放任的态度。或者因为忙于事业，干脆没有时间管教。等到发现问题了，孩子已经被周围的朋友灌输了很多不好的思想，而一旦沾染了某些恶习，想要亡羊补牢也是很难的。

刘女士就有这种困惑。她的儿子童童今年 12 岁，自己因为经常出差，忽略了对儿子的思想教育。时间长了，她发现儿子在家里不愿和她交流，母子关系开始疏远。并且从今年上学期开始，他就和一群坏孩子一起玩，有的小孩还教他抽烟，他甚至自己也认为抽烟比较酷。有一次童童告诉她有课外活动，其实是跟那些坏孩子去玩了。她知道后很生气，还严厉地斥责了童童一顿，儿子因此产生逆反心理，更不肯听她的话了。他仍然我行我素去找他们玩，还增加了更多的恶习，逃课、说谎、打架、骂人……而且还开始学会偷偷进网吧玩电脑，学习成绩直线下降。后来刘女士才从侧面了解到，其实是因为童童上三年级的时候，同班同学经常欺负他，所以他就想依靠这些坏孩子，来保护自己不被欺负。其实，刘女士知道孩子的观念还没有形成，更多的只是在盲目地模仿，还没有彻底地学坏，只是不知道怎么防止这些问题。

这些不良习惯的产生，并不是因为有了外因的唆使，孩子才不与家长交流，而是孩子跟家长之间难以沟通后，才开始下意识地去寻找其他途径，以填充这个心理缺失。恶习成瘾是个渐变的过程，如果父母能在孩子很小的时候就教导他，形成正确的价值观，孩子就会对不良习惯具有免疫力，懂得自动屏蔽，那么恶习就没有了土壤。

那么应该怎样防患于未然呢？家长们要避免男孩学坏可以从以下几个方面入手。

方法一：从家庭的根源找症结，彻底解决孩子的不良习惯问题。

很多孩子的父母，并没有深刻地认识到他们自身的问题。比如有的家长文化程度低，自己也有抽烟、喝酒、迷恋网络等不良习惯；或夫妻感情不合，又一时找不到解决办法，就看孩子不顺眼，在孩子身上发泄情绪，孩子得不到关怀，感到被冷落，受到不公正的对待，会产生心理阴影。或者模仿家长的恶习并出外寻找慰藉。所以家长应该先正视家庭问题，孩子才能有一个和谐健康的生长环境。

方法二：以正确的方式和态度对待孩子，帮助他成长。

大人总是习惯把自己的看法强加给孩子，却忽略了孩子真实的感受，剥夺了他们表达主观意愿的权利。致使有的孩子因此自闭，难以接近。所以家长要从他的特质和喜好出发。比如有的孩子喜欢打篮球，就陪着他打篮球，把孩子当做一个成人，用尊重、理解、平等、诚信的姿态跟他倾心交谈。寻找他们的优点，不吝啬表扬和鼓励，同时培养起他们的正义感和责任心，并树立起正确的是非观。

方法三：及时主动地纠正孩子的坏习惯。

家长应及时地纠正一些孩子正在养成中的不良习惯，用耐心和关怀把迷途的孩子从思想的歧路上拉回来。如发现孩子说谎，就在暗示中指出这个问题；但要先给他申辩的机会，并站在他的立场上表示，人人都有犯错的时候，他的这种情况属于不得已而说谎，是可以被理解的，同时在孩子思想里输入一些在这种情况下正确的应对方法，鼓励他今后能够主动地朝正确的方向上做出努力。

方法四：让孩子多读书和充实课外活动。

通过阅读书籍改变孩子的观念，潜移默化之下，孩子就会视野开阔，素质得以提升，自然不会往坏处发展。另外，家长可以增加一些跟他爱好相关的课外活动，比如游泳、旅游、画画等。

方法五：尽量让孩子找品行端正、诚实善良的同学一起玩。

俗话说：物以类聚，人以群分。让孩子从根本上懂得坏习惯带来的危害，同时树立他们成为优秀学生的荣誉感，并把班里的先进生作为自己学习的榜样。在这些思想模式的引导下，孩子自然会主动靠近那些积极上进、品学兼优的孩子，久而久之会受到良好的熏陶。

人之初，性本善。没有哪个孩子是天生就有恶习的，对于问题男孩，家长要及时给他们以关爱，以消除他心理上的障碍。

上网成瘾的男孩，其实内心很孤独

青春是个多彩的季节，处于青春期的孩子本应是锐意进取、朝气蓬勃的样子。可现在很多孩子都喜欢呼朋引伴整日泡在网吧，不思进取、意志消沉，很多家长都很头疼。沉溺网络的孩子往往喜欢幻想，这说明他们某些心理方面有缺失，没有得到满足，所以应当帮助他们恢复健全的人格。

某市的赵女士过去由于工作繁忙，经常出差，没时间照看孩子。儿子小峰从小就在寄宿学校上学，导致性格有些自闭倾向。最近赵女士为了照顾儿子换了工作，却发现儿子经常放学不回家，就喜欢待在网吧里聊天打游戏，而且回家后，也痴迷地趴在电脑前继续上网。有一次，赵女士经过学校附近，居然看到小峰逃课，躲在网吧里玩，因为过于专注，甚至没有注意到赵女士焦虑的目光。赵女士不禁为自己对孩子疏于教导而感到自责。出于对孩子的尊重，她并没有直接上前去斥责他，但又不放心，怕小峰因此耽误学业，于是就整天心烦意乱。她知道这个年龄段的男孩，如果一味打骂，所谓"棍棒出孝子"的硬性教育方式，只会适得其反，所以只是简单批评了几句。结果她渐渐发现，自己对任性的儿子已经发展到不知如何教育的程度了。

如今的孩子很多都是独生子，由于成长中没有伙伴和缺少互动，内心很孤独。一直在家长的监护下生活的他们，往往性格孤僻，不主动说话，不懂得人际交往。应该去深入了解孩子的内心世界，找到问题症结所在。

导致孩子迷恋网络的具体心理因素，大致分为以下几个方面：

原因一：因为他们在平时缺少关怀、鼓励、肯定和欢乐。他们会觉得父母不够爱自己、不够赞赏自己、不够重视自己，并且孩子在生活上感到枯燥且单调，又没有多少自由，很多想法都被禁锢，因此经常单独偷偷摸摸地玩。在这种情况下，孩子就会去寻找一些弥补这些心理缺失的空间。

原因二：迷恋网络的孩子很多都不爱学习，回避学习，主要是因为他们在学校的同学中有挫折感，不够自信，也没有在学校获得过成功体验。而上网玩游戏可以有虚拟的伙伴陪伴，同时获得某种成就感，能在新奇的游戏里探索，并获得财富、荣耀和友谊。

家长要改变和化解孩子沉溺网络的现状，不妨试试以下几个解决方案：

方法一：多陪伴孩子，给孩子创造接触新朋友的机会。

父母应该定期与孩子交流，多关心孩子的心理感受和情感需求。要让孩子在表达情感时感到放松、自由、平等，被信任。同时让孩子明白，网络是虚幻的，不能代替真实的生活。同时想办法，让孩子恢复正常的人际关系。通过培养一些新的兴趣、爱好，让他们接触一些有此共同爱好朋友。比如参加亲子户外集体活动，让他跟别的孩子一起在大自然中游山玩水，增长见闻的同时，还可促进友谊。或者教他打篮球、参加游泳学习班等。当他在新朋友中找到了共同语言，满足了自己交往的愿望，就不会再去沉溺网络了。

方法二：让孩子在学校发挥特长，获得成就感，以建立自信。

帮助孩子在学校争取更多的表现能力和赢得荣誉的机会。让他们的信心得到增强，自我的肯定感得到满足，体能得到宣泄。发现他们的才能，并定向培养专长。比如去参加艺术节中的摄影比赛、声乐比赛等活动，展示孩子的艺术才能。

方法三：给孩子购买一些有益的书籍。

用丰富的科学知识和渊博的历史文化，填补孩子内心空白，如科学探索类、励志类、益智类、世界名著、历史人文类等书籍。

想让孩子不再沉溺网络，就要帮助他们建立积极健康的生活习惯，提高孩子对学习的兴趣。以温暖的情感关怀，替代使他产生心理依赖的网络游戏，让孩子不再孤独。让这些娇艳的花朵，绽放出青春的活力，在父母的关爱和同学的友谊里，充满热情地生活。

给孩子创造一个洁净的网络空间

孩子是社会的未来，老师和家长都对这些祖国的花朵寄予厚望。而近年来网络的蓬勃发展，使孩子们的学习渠道拓宽了，并带来了很多便利，但网络就像一把双刃剑，它的普及虽然方便了人们的生活，却也滋生了很多弊端。比如导致了众多的儿童沉迷于网络难以自拔，有的接触不健康网络内容而受到毒害，或沉迷网络游戏荒废学业。

容易被网络不良信息侵蚀的孩子，大致分为以下几种类型：

有的是性格因素造成的，如性格特征上比较自闭，不懂得怎么跟人交流，意志力较弱；学习中不积极要求上进；有的是不适应新环境导致的，如有些孩子过去学习一直很好，在升入高学年后，因各种因素发生了思想上的迷失和错位，学习能力下降，或者对环境的变化无法应对；还有家庭背景导致的，比如生长在父母离异的家庭中，或被父母施以家庭暴力的孩子；还有因父母的教育方法不当，或者不懂得怎样跟孩子沟通造成的；或者接近青春期的孩子，自身心理问题导致的。他们往往精神上起伏较大，所以容易被外界的信息误导。

张丽是一个年轻的母亲，最近总为儿子强强感到担忧，上小学六年级的儿子经常在网上冲浪。有一次，强强在课堂上用手机聊天，老师没收手机后发现，他浏览的网站上竟然有一些不健康和内容低俗的图片。于是，老师联系了张丽，向她反映小强最近非常迷恋网络游戏，总跑到学校附近的网吧玩，由于经常逃课，长期泡在网吧里，所以精神疲倦，情绪低迷，学习成绩直线下降。

在网络这个开放性的公共环境里，不仅是一些成年人在参与，同时还有一些对新生事物敏感且难分是非的儿童。当他们在上网时，容易被一些暴力、黄色等不健康的事物侵蚀，或被一些金钱至上的拜金主义、游戏人生等低俗思想所熏染。

虽然开放的网络环境对孩子有危害，但在当今这个日新月异的信息时代，又不能因噎废食地让孩子跟网络分隔，所以家长应该做的是，教导孩子合理正确地上网，但有些家长并不懂得怎么纠正、指引他们健康地浏览网络。

那么，家长应该怎样教育孩子健康上网呢？可以从以下几方面试试：

一、使用过滤软件屏蔽不良信息。

为了使孩子有一个安全的网络环境，可以使用绿色软件以及过滤软件，这些软件可以防止不健康信息侵入，如对黄色、暴力、和非法内容进行屏蔽，可有效保障孩子的网络环境。另外，此类软件还可以规定孩子在网上的时间，父母可尽量陪同上网，可起到督导的作用。

二、限制儿童的上网时间段。

儿童的自控力弱，易沉迷在网络中无法自拔。所以应培养他们加强自控力。学会制定时间表，做每日的学习和生活计划。规定出哪些能做，哪些不能做，什么情况下可以做什么，这些都要有一个基本原则，让孩子养成良好的时间观念。

三、把网络作为一种学习方式。

有的孩子被网络不良信息误导的原因是他们并没有打算应用网络资源，在学习上有所进步，所以他们上网的状态是既无聊，又盲目的。要把网络当成一种以学习为目的的途径和工具，家长就要在孩子上网时，帮助他们明确具体的学习内容，如为了学英语，或阅读科普读物等。

四、要给孩子灌输如何安全上网的常识。

要告诫儿童，不要在网上输入可以追踪身份的私人信息。如名字、地址、手机号码、密码等，不独自见网友，如发现黄色、暴力、威逼利诱等非法信息和行为时，不予理睬，必要时报警。

五、建立亲子网络空间。

和孩子一起建立共同的网络空间，比如博客等。鼓励孩子在空间里写作文，看一些优秀的文章，这样既可以锻炼文采，孩子还能有一个表达内心世界的地方。也可让他们树立学习的目标，并围绕这个目标来确定浏览的内容。平时多跟他们交流，清楚孩子喜欢哪类网站，再加以引导。

净化儿童的网络环境，需要家长通过不断努力，为他们撑起一片晴朗的天空。清理网络流毒，并将网络打造成对青少年健康发展有益的学习工具。

尽量少让男孩接触电视暴力节目

在这个信息时代里，人们接收的资讯丰富多彩，呈多元化趋势。

但电视或电影中那些武侠、动作、黑帮等题材的暴力内容，却对男孩的身心健康发展非常不利。不但腐蚀了他们的思想，还容易误导他们的心理趋势和行为模式。不少男孩喜欢效仿片中的情节和一些反面人物，这渐渐影响了他们的人生观和价值观，对身心健康是很不利的。

某市周先生的儿子小勇今年 16 岁，上初中三年级。他发现孩子最近经常痴迷地看电视到深夜，尤其喜欢看那些"黑社会"的电影，还比划着一些武打动作。后来老师在家访中向周先生反映，小勇出现了不少过分的行为，上周在学校附近连续勒索了低年级学生几百元钱，还有几部移动电话。并经常和一些头发、服饰怪异，讲粗话的少年在学校附近抽烟、打架，专门在学校周围威胁低年级同学，并索要财物。周先生怕孩子这样下去彻底学坏，很是焦急。

那么，这些以往同样是听话学生的问题少年，是怎么走上歧途的呢？因为他们喜欢效仿新鲜事物，对善恶标准认识模糊，经常爱模仿电影电视上暴力片中的内容。具体来说，少年爱效仿暴力行为是以下几个原因导致的：

1. 家庭背景的问题，和感情上、学业上的不顺利有关。

其实这些问题少年，往往因父母婚姻破例，在家庭得不到理解和关怀，或被家长粗暴对待。加之早恋的困扰、升学的压力等问题，所以情绪容易失控，才去模仿暴力片中的某些情节。

2. 世界观尚未形成，容易被重新塑造。

他们仍处于建立世界观和价值观的萌芽期。对很多社会意识形态的对错都没有判断力，这个时候，如果得不到正确的引导会很危险。

3. 成长阶段的生理和心理特征导致的问题。

他们在心理和生理上，处于剧烈震荡的发育和转折时期。在这个阶段，他们喜欢幻想、猎奇、敢于冒险，对事物的认识上处于浅层，且不够客观。具有攻击性，容易走极端，或被环境激起情绪，冲动行事。或感情陷入失望和迷茫中，导致意志消沉。模仿影视片中暴力行为，在某种程度上使他们青春期的躁动心理和情绪找到了宣泄途径。

这些问题少年的日益增多，令人担忧，那么应怎样帮助他们，以避免这些不良社会信息的侵害呢？

孩子家长可以陪同孩子一起看电视节目，尝试采用以下几个教育方法。

方法一：了解孩子对电视节目的理解程度，以对症下药。

与孩子共同讨论电视中的故事情节，通过深入的交谈，了解孩子对电视内容是怎样理解的。并及时引导，结合电视中的具体情节，灌输给他们一些正确的人生观。同时启迪他们的内心，传递一些充满温暖和爱的思想，培养出善良的品质。

方法二：培养孩子的判断力。

帮助孩子认识到电视上所传播的那些非常态内容与真实生活的差异。提高他们对电视内容的辨析力，使孩子有能力分辨出，这些内容在观念上的对错，及所演绎人物的善恶本质，让他们学会正确的评价所接收的信息。

方法三：寓教于乐，观看知识类节目。

尽量鼓励他们看可以学到知识和增长才能的教育题材类节目，如人文历史、社会科学、自然科学类，尽量避免看那些涉及黑帮、暴力、赌博等带有容易让孩子产生认识误区内容的成人类节目。

方法四：看经典作品，写观后感。

可以向孩子推介思想进步、艺术性强的经典影视作品。以熏陶他们的审美意识，陶冶道德情操。并鼓励其经常写观后感，积极发表自己的观点，使其在接受外界信息中，逐步建立自己成熟的思想体系。

方法五：让孩子自己拍摄节目。

让他们自己命题，拍摄生活小百科类的作品。以编者的视角，收集身边有意义的事例，寻找价值和情趣，培植健康的生活理念。

总之，老师和家长应帮助青少年树立正确的人生观、价值观和远大的理想。为少年儿童创造有利于成长的环境，教导他们对摄入的信息慎重选择，免受社会糟粕的污染和侵害。

不必谈"性"色变，父亲应该主动与男孩聊聊

男孩在生理开始成熟时，对异性同学容易有莫名其妙的好感和追求的冲动。积极地向青少年普及性知识，是很重要的一个教育环节，但性教育对家长来说，却一直是个"烫手的山芋"。他们总是欲说还休，甚至认为在孩子面前说这些，简直难以启齿。家长的这些保守态度，堵塞了孩子获得正确生理认识的渠道，这样下去，甚至可能间接导致一些严重的后果。所以，家长要及时为孩子普及性教育知识，尤其是父亲，可以用自身经验来主动跟男孩聊聊。

亮亮在看电视的时候突然问爸爸："大哥哥大姐姐为什么抱在一起亲嘴？"亮亮父亲徐先生对年幼的儿子提出的这个突如其来的问题感到很尴尬，一时不知道怎么回答，就说："小孩别问那么多！"想随便敷衍过去。可是没想到，第二天邻居来找徐先生，气愤地说："你儿子怎么搞的？刚才他像大人那样去亲我家女儿"！徐先生这才意识到，这是自己没有及时对儿子进行明确的性教育所造成的过失，于是产生了愧疚感。但是，由于徐先生没有过性教育的经验，不知道怎么说孩子才能听懂，也不知道说到什么尺度才合适，怕说多了弄巧成

拙，反倒让孩子变得早熟。

像徐先生那样，因为回避性教育而敷衍孩子，会产生有哪些后果呢？

一、因为被压抑，孩子对性的认识变得畸形。

其实孩子提出一些关于性的问题，只是因为感到困惑，完全不明白性话题有什么敏感的地方，是父母惊愕的表情和禁止的态度，才让孩子不得不压抑住这种正常的求知意识。导致孩子在这个问题上，长期停留在愚昧无知的阶段，从而对性产生曲解，得出错误认识。

二、孩子会以为跟性有关的事情是可耻的，使异性间的正常交往出现障碍。

孩子缺少性教育，可能会把正常生理方面的性理解成淫，认为去研究这类事是可耻的，一旦谈及这些就是触及了道德的警戒线。甚至连异性同学都不太敢接触，时间长了会形成不健康的心理和人际交往障碍。

三、孩子因为无知而发生性行为。

虽然对性缺乏正确的认识，但他们的生理功能却在渐渐发育成熟。在这种心理和生理严重失衡的情况下，就可能会因为无知而不不计后果地跟异性发生性行为。因此，家长的确不应该谈虎色变一样地去消极回避。而要以阐释其它生活知识一样的平常心态，对孩子传播生理知识，同时需要掌握一些有效的教育方法。

为了避免以上不良后果的产生，家长可以采用以下几种策略，主动跟孩子聊聊。

策略一：家长要先转变观念，调整好自己的心态。

父母要认识到，传统的性观念也要随着现代文明的发展而进步，修正过去沉积的传统观念，排除心理障碍，就可以很坦然地跟孩子谈

男孩
如何成就卓越
NANHAIRUHECHENGJIUZHUOYUE

这类话题。比如告诉孩子，电视里演的接吻情节，是成年男女产生了爱的情感的自然表达，孩子看到家长说的很平和，就能够正确地领会接吻的含义了。

策略二：如果遇到非常敏感的话题，在不方便直接传达具体内容的时候，可以让孩子阅读一些相关书籍。

给孩子看看成长过程中形成的男女性征类的生理卫生教程，或者通过阅读性别心理类的读物，让孩子认识到男女因为性别有异，导致心理和行为方式上也有很多区别。这样可以使孩子因为了解了异性的生理和思想行为的本质，从而能够正确认识异性，自然地跟异性相处。让他们自己通过独立学习，去解决关于性方面的疑问，以此来解开孩子心中的迷惑。

策略三：以父对子、母对女的方式，在同性别的亲子间进行性教育。这样可以充分尊重他们的隐私，不破坏孩子的自尊心，他们也就不会产生抗拒心理，使知识得以顺利地传授。比如父亲跟儿子可以说："作为男人，爸爸在你这么大的时候，也有过你的这些困惑……"以及当时是怎么处理这些问题的，学习了哪些相关的知识，鼓励男孩做个合格的男子汉。

策略四：根据孩子年龄的阶段性特征传授性知识。

应区分各种年龄的孩子心理接受程度的差异，一步一步教导他们在不同年龄阶段需要了解的性知识，这样可以在潜移默化中，循序渐进地达到教育目的。教育的形式也可从简单概念化的讲故事，逐渐过渡到接受正规科学化的书本知识。

良好的性教育对孩子的影响是深远的。平时父亲主动跟孩子聊聊，能让他们变得成熟稳重、健康向上，也能让他们的生活充满阳光。

218

孩子不听话时，非打即骂最不可取

男孩活泼好动，一般都比较顽皮，经常到处惹是生非。父母在对他们说教不灵的时候，往往因为情绪急躁，采取硬性管教的方式处理问题，结果发现孩子的问题不但没有改观，还越演越烈。而且有时候会出现当时服从，过后又犯错的情况，所以对男孩的教育方式，一直是一个棘手的问题。

小辉是个有些调皮的男孩。有一次他由于贪玩，没有完成周老师安排的作业，老师刚要询问原因，他竟条件反射一样地吓尿了裤子。后来周老师去家访后才了解到，小辉小的时候，曾经调皮地用石头打破了邻居家的窗玻璃。被发现后，父亲狠狠打了他一顿，还歇斯底里地大骂了小辉一通。从那以后，就像形成了惯性，每次小辉意识到自己犯错误了，被父亲责骂时，就会吓得当场尿裤子。这让老师感到很痛心，为了不让孩子再受到惊吓和伤害，周老师连续去做孩子父母的思想工作。后来小辉父亲承认当时是太过于急躁了，没有考虑对儿子正确的教育方式方法，他感到很后悔。

家长为什么会严厉地管教孩子呢？有些家长觉得孩子不听教导，其实，父母在苛责孩子时，喜欢把出问题的原因都归咎到孩子那里，主观地认为自己的做法是被孩子的态度逼迫的，却不懂得用更合理的方式来应对这些问题。

通常情况下，父母打骂孩子是由以下几个原因所引起：

原因一：传统教育思想里腐朽的一面，还在影响着父母的观念。

有的家长认为，对幼子管教严厉，才能遏制他们冥顽不驯的秉性。让孩子先学会听话，乖乖地遵循礼教，以后才会出息。但是，虽然这些思想不无道理，却不能够当做金科玉律，胡乱套用。如果施教过严，甚至不惜打骂的话，反倒成了肆无忌惮地摧毁孩子心灵的借口，会严重危害孩子的身心健康。

原因二：家长不懂得控制自己急躁的情绪。

如果家长自身的心理素质较差，那对孩子来说，就将长期被动承受由家长心理失衡产生的压力。比如家长在遇到了工作中阻力或生活上的坎坷时，冲动之下，对孩子发泄情绪。认为孩子不懂事，没有让自己看到希望，还到处给自己惹麻烦，很可能会有打骂孩子的行为。

原因三：揠苗助长心理。

有的家长缺乏教育常识，又不肯积极寻找科学有效的方法，以为粗暴的教育方法，是最便捷和最快速的教育捷径。其实想要做一个合格的父母，不能头脑发热只顾自己的感受，在教导孩子时操之过急，只会揠苗助长适得其反。

基于以上原因，当孩子犯错时，家长对孩子非打即骂，容易造成亲子关系的疏远，或者对孩子产生长远的心理伤害。那么，怎样才能打破亲子间的隔阂，形成坦诚而亲密的亲子关系呢？如果家长觉得对自己的孩子束手无策，可以尝试如下三个方法：

方法一：对孩子加深了解。

家长在工作之余，要有意地多掌握孩子的状态。通过老师的反馈，清楚了解孩子各方面的近期情况，设身处地地理解孩子的处境，才能知道孩子是不是故意不听话，避免误解他们，冷静地去解决孩子的问题。

方法二：放下家长的架子。

有的父母只重视在孩子心里保持家长的形象，只喜欢以高高在上的姿态对待孩子。所以孩子一旦犯错，父母也以这种一贯的逻辑，对孩子施加惩罚。家长应改变喜欢发号施令的态度，平等地跟孩子对话。不是直接否定孩子的想法，而是适当地给他们一些自己做主的选择权，甚至可以让孩子自己提些他们认为正确的处理方式。

方法三：教导孩子懂得一些做人处事的哲理。

晓之以理、动之以情地去对待孩子，孩子自然会乐于听从家长的意见。同时在一些生活实践中，有意地教给孩子一些道理，让他们学会换位思考，从而了解到，自己的言行可能会对别人有负面干扰和影响。在这个过程中要注意根据孩子的年纪大小来采用他能听懂的方式，比如用寓言故事或实际例子，来说明道理和启迪他们思考对错。

孩子的心灵好像刚刚破土而出的幼芽，因此在教育上不能操之过急，他们就像小树苗，需要不断地浇灌和修剪枝叶，耐心地呵护和培育，才能幸福快乐地成长。

追星不是大错，家长要积极疏导

随着媒体的发展和演艺界的繁荣，笼罩在光环下的明星们，受到了当代少年群体热烈地追捧和效仿。每个时代的人，都有自己特定的崇拜对象。而在现代开放且多元化的社会环境，为孩子提供了更多的选择。虽然，确实有些孩子因为追星耽误了学业，但追星并不是大错，只要有度。有些家长往往不能正确看待青春期孩子的心理特征，把这些思想倾向视为不可理喻，或洪水猛兽，只知道一味地说教。

马先生的儿子小志今年读初一，他是个标准的追星族，是某位男歌星的铁杆儿粉丝。最近他还去一个高级发廊，花了很多钱理了跟这位明星一样的发型，因为在他心里，这个明星的打扮可以代表最前卫的潮流，所以连衣服和鞋都是模仿着他穿的款式买的。他还经常效仿偶像的说话方式和招牌动作，并专门制作了一本画册，到处收集此男星在流行杂志里的个人资料，以及演过的电影剧照。小志甚至还跟马先生说，要去外地参加他举行的演唱会、歌迷会，想得到他的签名照。马先生很无奈，也很生气，担心儿子专注于这类肤浅的事情里，时间久了，被这种浮华的社会风气带入歧途。怕他变得愚昧无知，只知道盲目崇拜，影响学习。

那么当自己的孩子也有追星的念头时，应该怎样看待他们的这种心理呢？父母应该先分析他们追星的原由。孩子爱追星，大致有以下几种原因：

原因一：追星在很多方面都符合青春期的心理需求。

处于青春期的少年，喜欢接受新鲜事物，在思想和身体上都充满活力，不喜欢被传统思想束缚。在没有建立成熟的价值观之前，自然会为绚丽多彩、风光无限的演艺圈所吸引。明星们光彩夺目的外在表现，比较符合年轻人在萌芽期的心理需求，能催生他们的热情，寄托他们的情感，找到追求前卫的标准。

原因二：炫耀心理。

一些少年故意模仿明星，把这些作为同学间的谈资。其实潜意识里是想作为社交中的一种手段，来向同学展示自己站在时尚前沿的风貌和获得大量八卦消息的能力，希望以此体现自己在同学中的重要性和自豪感。

家长虽然为孩子的思想盲目而感到着急，但是硬性的阻拦和禁止的教育方式，只会使亲子矛盾激化。不妨采用以下三个因势利导、循循善诱的方法试试。

方法一：用明星的正面作用来影响孩子。

家长可以借助明星作为榜样的正面作用，针对孩子的成长阶段，主动给孩子推介一些多才多艺、形象健康、思想正统、道德品质高尚的明星。用明星在成功历程中的事例，来激励孩子上进。让他们明白只有通过努力奋斗，才能收获明星的那些名誉、地位和财富。并教导孩子效仿明星无私奉献公益事业的精神，培养他们的社会责任感。

方法二：引导青少年适度地追星。

家长应以理解的态度，帮助孩子摆脱思想上的误区。孩子得到父母的理解和支持后，会把父母当知心朋友，把狂热的追星心理变成平和冷静的心态，并渐渐明白适当追星无可厚非，但是不能丧失理智、迷失自我，不应花太多的精力在追逐明星上，追星并不是思想前卫的唯一表现，也不能喧宾夺主地凌驾于学业之上。认识到明星在光环背后真实的一面，当孩子的盲目性降低，把明星看做普通人加以分析时，也开始从虚幻的追星意识里回到现实中了。就会渐渐懂得，脚踏实地的做人、做事，不懈地学习和拼搏，才是明星的真正成功之道。

方法三：父母还可以改变孩子对明星这个概念的认识。

告诉孩子，明星不只是出现在影视剧、演唱会上，各个行业和领域都能涌现明星，如在科研领域做出了卓越贡献的精英，百折不挠的商界创业人士，或具有丰功伟绩的伟大历史人物。使他们视野开阔，才不会落于狭隘的、只去追捧影视明星的窠臼里。其实这些人物都是他们学习的榜样，这样对榜样的学习就不会偏废在一个方向上。让孩子正确认识各种人物在社会分工中所从事工作的实际意义和价值，才是正确的追星。

总之，要为孩子营造健康的精神生活的园地，把孩子对追星的向往，转化为成长的动力。为他们成为对社会未来的发展做出贡献的真正新星保驾护航。

与你的男孩一同认识"早恋"

在当前开放的社会环境里,孩子的"早恋"现象一直是教育中的难点,也是老师和家长需要正视的客观问题。其实,这些所谓的"早恋"有时是家长的误解,误把同学之间的纯洁友谊和正常交往当成了男女爱情。但是也不可否认,青春期的男孩身体和心理逐渐走向成熟,处于情感萌动期,如果男孩不懂得正确衡量自身的行为尺度,对"早恋"没有正确的认识,就很可能出现越轨行为。

宋女士的儿子壮壮是个初中生,孩子性情直爽,平时喜欢跟同学打打闹闹。最近,宋女士经常看到儿子和一个女同学一起走在放学路上,两个人还有说有笑,玩的不亦乐乎。她想,孩子难道是早恋了?难怪最近老爱发呆,不爱学习呢!不过,当孩子们看到宋女士带着尴尬的表情出现在他们面前时,却并没有躲闪,而是表现得很自然,看来,他们并没有意识到这样有什么不妥。因此她转念一想,孩子还小,根本不懂什么叫谈恋爱,估计是自己多虑了。虽然这个时候,孩子们可能只是单纯的同学友谊,可随着青春期走向成熟,她还是担心儿子会对女孩产生男女之情,发展成早恋。怎样把男女之情会对学习造成影响的利害关系,跟儿子直接说清楚呢?望着孩子天真无邪的样子,宋女士感到进退两难。

家长应该正视男孩与女同学的正常交往,但是,为了防止孩子真的发展到早恋的程度,提前找到可能造成早恋的诱发因素,未雨绸缪还是必要的。

中学生的早恋现象，多为以下原因造成的：

原因一：孩子被爱情类的资讯信息所影响。

在信息发达的现代，孩子了解男女之情的资讯途径增多。开放的社会环境和丰富的课外活动，让孩子对异性同学有了深入接触的机会。

原因二：孩子被限制恋爱后，产生逆反心理。

老师和家长在男女同学的交往上，对孩子设了很多限制，把突破限制的行为视为出轨，并加以苛责。这反而让孩子对异性同学趋之若鹜，想去追求可以带来幸福感的异性，更加向往甜蜜的爱情。

原因三：孩子有种种心理误区。

起初，孩子把仰慕异性知识和才能的心理，错误地当作爱情来看待。一旦早恋以后，又错误地认为，只要有共同的志向，并一起努力，谈恋爱未必会对学业有影响。于是就以谈情为核心，以爱恋对象为导向，整日在起伏的情绪中辗转反侧，致使考试分数直线下降。

那么，如果孩子出现了这些现象，家长应该怎样对待呢？不妨试试以下方法来处理：

方法一：家长要尊重孩子的内心世界，并正确引导孩子的感情生活。

家长要告诉孩子这是青春期的正常现象，打消孩子的思想顾虑。如果孩子已经开始恋爱，要像朋友一样，耐心地帮助孩子分析感情问题，不要挖苦和嘲笑他们。让孩子正视当前阶段是学习为主的时期，与异性的感情并不是人生的全部。但可以学习对方的优点，把这种美好的情感和对对方的爱慕，化为提高素质的动力。

方法二：打破对"谈恋爱"的神秘感。

不要过分控制孩子的思想，限制孩子的交往。要鼓励孩子说出他们对异性的真实想法，支持孩子多跟不同的异性同学交往。从而打破神秘感，让他们和异性同学建立正常的友谊。

方法三：丰富男孩的精神世界。

家长应该指导孩子正视早恋，有意识地让孩子阅读生理卫生教材，了解异性性生理发育的过程，让男孩明白，在青春期对异性的好奇与向往是正常现象，不必为此困扰。同时，鼓励孩子多参加课余活动，丰富精神生活，将过剩的精力用在有意义的竞争或比赛中。

方法四：父母要和孩子多多进行沟通交流。

多关心孩子，满足孩子的精神生活，即使工作很忙，也要每天抽出一部分时间进行至少半小时的沟通交流。父母应该给孩子关爱，了解孩子的苦恼，帮助孩子分担精神压力。与孩子交流时要注意，一定是要以朋友的身份来沟通，尊重并理解孩子的想法，必要时采取现身说法的做法，将亲身经历和处理爱情的方式告诉孩子，必定会赢得孩子的好感和共鸣。

青春期的少年还很稚嫩，并不适合开始恋爱，他们需要不断汲取营养，慢慢发育成熟，而早恋对他们还很懵懂的心灵来说，还是伊甸园的禁果。只有家长耐心地和孩子共同正确认识早恋，才能克服成长中的烦恼，顺利度过这个人生的特殊阶段。